粤港澳大湾区战略性新兴产业研究

机器人卷

王京生 樊建平/主编

杨 柳/著

海天出版社

·深圳·

图书在版编目 (CIP) 数据

粤港澳大湾区战略性新兴产业研究. 机器人卷 /
王京生，樊建平主编；杨柳著.—深圳：海天出版社，
2020.1
 ISBN 978-7-5507-2834-9

Ⅰ.①粤… Ⅱ.①王… ②樊… ③杨… Ⅲ.①机器人
—产业发展—研究—广东、香港、澳门 Ⅳ.①F127.65
②F426.67

中国版本图书馆CIP数据核字（2020）第013932号

粤港澳大湾区战略性新兴产业研究·机器人卷
YUEGANG'AO DAWANQU ZHANLÜEXING XINXING CHANYE YANJIU JIQIREN JUAN

出 品 人　聂雄前
责任编辑　杨华妮　张绪华
责任技编　陈洁霞
封面设计　元明·设计

出版发行　海天出版社
地　　址　深圳市彩田南路海天综合大厦　（518033）
网　　址　www.htph.com.cn
订购电话　0755-83460239（邮购、团购）
设计制作　蒙丹广告0755-82027867
印　　刷　深圳市华信图文印务有限公司
开　　本　787mm×1092mm　1/16
印　　张　11.5
字　　数　135千
版　　次　2020年1月第1版
印　　次　2020年1月第1次
定　　价　58.00元

未来已来

王京生

国务院参事
联合国教科文组织"孔子奖章"获得者
北京大学、北京师范大学、深圳大学客座教授

　　如果把亚洲分成大陆亚洲和海洋亚洲的话，那么珠江入海口就是两者的连接点，这里将崛起世界上最密集的城市群。这种说法，曾出现在英国作家詹姆斯·克拉维尔于 20 世纪 80 年代出版的小说《望族》中，无形之中成为今天粤港澳大湾区崛起的绝佳预言。

　　回望这片湾区城市群的现代化进程，可以分为三个时期：第一个时期，是改革开放前，从 20 世纪 60 年代起，香港作为"亚洲四小龙"之一崛起，与澳门一道，为中国内地改革开放做了前期准备，成为中国观察世界和引进外资的重要窗口；第二个时期，经过 40 年改革开放，以深圳为代表的湾区城市，不仅自己实现了从无到有的蝶变，一跃成为领跑全国的先锋城市，同时也使整个城市群呈现欣欣向荣的局面，为粤港澳大湾区媲美于世界其他湾区奠定了基础；第三个时期，中央作出设立粤港澳大湾区的战略部署，并支持深圳建设中国特色社会主义先行示范区，表明粤

港澳大湾区作为我国深化改革开放的代表性地区，将从国家战略层面出发，进一步整合优势资源，参与到国际竞争当中。

粤港澳大湾区云集广深港三大国际大都市，造就了以东莞、佛山为代表的世界制造工厂，拥有香港港、深圳港、广州港等一系列世界级港口群，形成"城市群＋港口群＋产业群"的超强世界城市群。其城镇化水平、土地面积、人口规模、地区生产总值总量和产业竞争力，都堪与世界一流城市群匹敌。

畅销书《变量》里说，粤港澳大湾区的中心城市是哪一个？香港？广州？深圳？都是，又都不是。未来的粤港澳大湾区更像是一个超级的组合城市。

一个与纽约湾区、旧金山湾区、东京湾区并驾齐驱的世界级城市群，已经呼之欲出。粤港澳大湾区土地面积5.6万平方公里，约7000万的人口规模，以仅占全国0.6%的土地面积，地区生产总值占全国总量的12.57%，未来增长空间十分巨大。自2019年2月18日中共中央、国务院正式公布《粤港澳大湾区发展规划纲要》之后，粤港澳大湾区的建设引起全球关注。随着城市化的推进，粤港澳大湾区的人口将超过1亿，实现人口翻倍，意味着有望超过世界三大湾区。

粤港澳大湾区不仅是中国最有活力的经济板块之一，更重要的是，它将引领下一波的世界发展潮流。在这样的情况下，观察它今天的科学技术、产业布局，特别是战略性新兴产业的情况尤为重要。实际上，我们在用今天的眼光瞻视未来，而未来已经在我们面前呈现清晰的轮廓。

作为国家战略的粤港澳大湾区，诞生在一个创新驱动发展的新时代。这个时代，基因技术、大数据、云计算、物联网、机器人、人工智能……一个个新鲜词语不断涌现。由这些词汇堆砌的未来世界，是一个机器人可以代替更多人类工作的世界，是一个虚拟世界与现实世界逐渐模糊的世界，也是一个创新驱动、充满幻想的世界。

粤港澳大湾区血脉里拥有天然的创新基因，它的战略定位就是要成为具有全球影响力的国际科技创新中心。在这里，不仅金融产业发达，而且未来产业发展速度国内领先。在这里，开始流行给新出生的婴儿做基因检测预测性格，中学生开始学习人工智能的编程课程，工业机器人代替了更多的年轻人在流水线上工作，服务机器人出现在机场担任迎宾或在商场担任导购，无人驾驶的大巴开始在街头试运行，新能源出租车取代了传统汽车，自助图书馆和自助办证等越来越多的自助机器闯入我们的生活，无人机不仅可以航拍而且能服务消防和公安领域。这一切分明在说：未来已来。

在这里，传统产业从业者已经不再观望，纷纷引入互联网技术或者人工智能技术，各个产业在悄悄地升级，流水线上大量的工人纷纷涌入城市做起了快递员和销售员；年轻的父母开始为子女选择专业感到苦恼，时常在一起讨论学习哪个专业未来更有前途，或者最好是从什么年龄开始学习编程课程。因为站在时代大潮的路口，他们非常明白，未来的变化只可能更快速、更迅猛，父母是否有能力为孩子规划好未来，这个问题让人思虑再三，且忐忑难安。毕竟，他们虽置身其中，却对未来产业所知甚少。有人说："你的对手不是竞争对手，而是整个时代。"现在看来，这句话还是很中肯的，不论个人或者企业，成功的最终决定因素是我们能否跟上这个时代的步伐。而只有那些洞察趋势的先行者，才能把握时代的机遇。

《粤港澳大湾区发展规划纲要》第六章第二节指出要"培育壮大战略性新兴产业"，描绘出了大湾区未来的产业格局。"依托香港、澳门、广州、深圳等中心城市的科研资源优势和高新技术产业基础，充分发挥国家级新区、国家自主创新示范区、国家高新区等高端要素集聚平台作用，联合打造一批产业链条完善、辐射带动力强、具有国际竞争力的战略性新兴产业集群，增强经济发展新动能。推动新一代信息技术、生物技术、高端装备制造、新材料等发展壮大为新支柱产业，在新型显示、新一代通信技术、5G和移动互联网、蛋白类等生物医药、高端医学诊疗设备、基因检测、现代中药、智能机器人、3D打印、北斗卫星应用等重点领域培育一批重大产业项目。围绕信息消费、新型健康技术、海洋工程装备、高技术服务业、高性能集成电路等重点领域及其关键环节，实施一批战略性新兴产业重大工程。"

"粤港澳大湾区战略性新兴产业研究"丛书用通俗易懂的语言讲述战略性新兴产业中的创业故事和产业趋势，主要探索未来20年中能够主导我们经济和社会的产业。5册图书是基于未来的5个关键的战略性新兴产业而分类创作的，包括机器人、人工智能、生命健康、新材料、物联网，之所以选择这五大产业不仅仅是因为它们自身的重要性，各自拥有数百亿元甚至上千亿元的产值空间，而且也因为它们是全球化浪潮中的代表，彼此之间密不可分。比如，新材料是机器人、人工智能、物联网、生命健康等产业的基础；同时，随着BT（生物技术）和IT（信息技术）逐渐融合，生命健康产业也需要借助大数据、云计算等新技术；物联网同样与人工智能和云计算技术分不开。显而易见，未来世界将是一个多元技术、多个学科交叉融合的世界，让我们对未来不禁浮想联翩。

2019年8月，中共中央、国务院出台《关于支持深圳建设中国特色社会主义先行示范区的意见》，赋予深圳无比崇高的历史新使命。从一骑绝尘的"深圳速度"，到以高产出、低消耗、低污染为特征的"深圳效益"，到结构优化、创新驱动、绿色低碳的"深圳质量"，再到对标国际一流、打造更具时代引领性的"深圳设计""深圳品牌""深圳标准"……深圳始终牢记党中央创办经济特区的战略意图，在体制改革中发挥了"试验田"作用，在对外开放中发挥了重要"窗口"作用。先行示范，如果说最初只是深圳的使命，今天已经成为这座城市的自觉追求，沉淀为深圳的城市基因，深深融入城市的文化血脉中。建设中国特色社会主义先行示范区，是深圳新的使命，深圳要继续深化供给侧结构性改革，实施创新驱动发展战略，建设现代化经济体系，在构建高质量发展的体制机制上走在全国前列。本系列丛书里绝大多数的企业案例来自深圳，我们不仅可以看到深圳企业家群体锐意进取的精神，而且可以看到作为一个学习样板，深圳正在积极地以"一马当先"带动"万马奔腾"，加快实现社会主义现代化强国的进程。

需要指出的是，在先行示范、创新引领的背后，实际上需要一系列的支撑，特别是文化的支撑。习近平总书记强调，文化自信是更基础、更广泛、更深厚的自信，是更基本、更深沉、更持久的力量。文化是托举一切的大地。我们可以看到，世界上创新能力强的国家，往往是文化发达的国家。文化驱动创新，创新驱动发展。正是融合了创新、智慧、包容和力量的文化，在不断的流动与碰撞中，为经济社会尤其是新兴产业发展提供了更为有力和持久的支撑。

我们创作"粤港澳大湾区战略性新兴产业研究"丛书，一方面，站在未来产业的大潮里，倾听未来产业中的弄潮儿讲述精彩的创业故事，看他们是如何把一项成果转化为现实的生产力，又是怎样展望未来的发展趋势；另一方面，这些跌宕起伏的创业故事和专家的产业展望内容，也可以给父母和年轻人一些启迪和智慧，使其感受到创新背后文化和精神的力量，帮助我们和下一代更从容地面对新的经济浪潮。

未来在有准备的人们面前已经到来，因为承接未来的一切早已开始。

粤港澳大湾区战略性新兴产业研究

前言

机器人技术是科学技术的制高点，是国家创新能力的标志，是一个国家综合国力的象征。我国机器人产业经历了短暂的摇篮期，迅速跨过实用期，正迈入普及期。

本书研究粤港澳大湾区机器人产业，首先我们将机器人界定如下：机器人是指基于现代传感技术、网络技术、自动化机制、人工智能等先进技术，具有感知、决策、执行等功能的产品、设备、仪器和成套系统的统称。主要包括工业机器人和服务机器人两大细分领域。

随着机器人产业的发展，国家开始逐步完善产业发展的内外部环境。2017年6月，国家质量监督检验检疫总局（现今为"国家市场监督管理总局"）、国家标准化管理委员会批准《国民经济行业分类（GB/T4754-2017）》国家标准，替代原《国民经济行业分类（GB/T4754-2011）》，新标准于2017年10月1日正式实施。机器人制造首次作为独立的行业列入《国民经济行业分类》之中。

2017年上半年，国务院、工信部、国家发改委等部门又陆续出台了《工业机器人行业规范条件》《关于促进机器人产业健康发展的通知》等文件，引领行业有序发展。2017年和2018年，科技部发布了《国家重点研发计划"智能机器人"重点专项》，围绕智能机器人基础前沿技术、新一代机器人、关键共性技术、工业机器人、服务机器人、特种机器人几个方向对重点专项进行了部署。在各类政策引导、资本作用以及转型需求的推动下，我国用 10 年的时间基本走完了日本 20 年的发展历程，我国已成为全球第一大机器人应用市场，工业机器人约占全球市场份额的三分之一。

2019 年 2 月出台的《粤港澳大湾区发展规划纲要》中明确指出："加快制造业结构调整。推动制造业智能化发展，以机器人及其关键零部件、高速高精加工装备和智能成套装备为重点，大力发展智能制造装备和产品，培育一批具有系统集成能力、智能装备开发能力和关键部件研发生产能力的智能制造骨干企业。"

国家一系列的政策相继出台，为未来机器人产业建设提供了最坚实的土壤。机器人产业的快速发展离不开大量的人力物力做保障，以及需要一系列硬件设备、软件、技术等基础条件，粤港澳大湾区各个城市之间正在形成合力，逐步推动着我国机器人产业的创新发展。香港发挥国际金融中心的优势，其成熟的金融体系、商业模式以及优秀的大学为机器人产业所需的资金和人才提供助力；深圳以高新技术产业发达闻名，拥有良好的产业基础和创新创业氛围，目前深圳工业机器人已形成了包括核心零部件、本体制造、系统集成服务等环节在内的上下游产业链；广东省内的佛山、东莞、珠海、惠州等城市，拥有不少传统产业集群的优势，包括家电、家具、陶瓷、五金、3C 产品、芯片、通信设备，等等，这些都是机器人产业发展的有力支撑。粤港澳大湾区机器人领域已经形成了较为完善的产业链，成为机器人产业落地发展的重要核心区域。

《深圳机器人产业发展白皮书（2018 年）》显示，深圳市机器人产业规模持续增长，深圳市机器人企业的个数从 2017 年的 594 家增加到

2018 年的 649 家，机器人工业总产值从 2017 年的 1035 亿元人民币增长到 2018 年的 1178 亿元人民币，同比增长率为 13.82%，总产值仍保持快速增长的态势。

本书讲述了来自深圳的 6 家机器人企业的故事，其中，泰达机器人、鸿栢科技、中科德睿、洲际通航 4 家企业属于工业机器人类别，勇艺达和锐曼智能机器人属于服务机器人类别。

为什么要先介绍工业机器人，再介绍服务机器人呢？是因为自动化技术和机器人技术替换的第一波劳动力，大多来自危险的、肮脏的、乏味枯燥且丝毫不涉及人际互动的行业，比如焊接、喷涂、装配、检测等行业。但机器人正在向服务业中需要个人化技能的职业进军了，包括法律咨询员、商场导购员等。而随着机器人与人工智能技术的进一步发展，未来需要情感感知、空间推理能力和语境理解的这类工作，也开始逐渐向机器人敞开大门。

我们走进这些机器人企业，一方面可以看到机器人能够帮助或者代替人类做单调乏味的工作，另一方面也能了解到机器人产业巨大的发展潜力，对未来的机器人产业充满期待。机器人的出现，将为我们的社会带来诸多好处，职业伤害将日益减少，车祸或者犯罪率降低，手术更安全，还有其他无穷的可能性。

笔者赞成亚力克·罗斯在《未来产业》一书中所说的观点："面对科技，最大的赢家将不是加倍复制过去，而是能成功引导人们转向成长产业的社会和企业。"

粤港澳大湾区战略性新兴产业研究

contents 目录

01

泰达机器人：
喷涂机器人中的"小巨人"

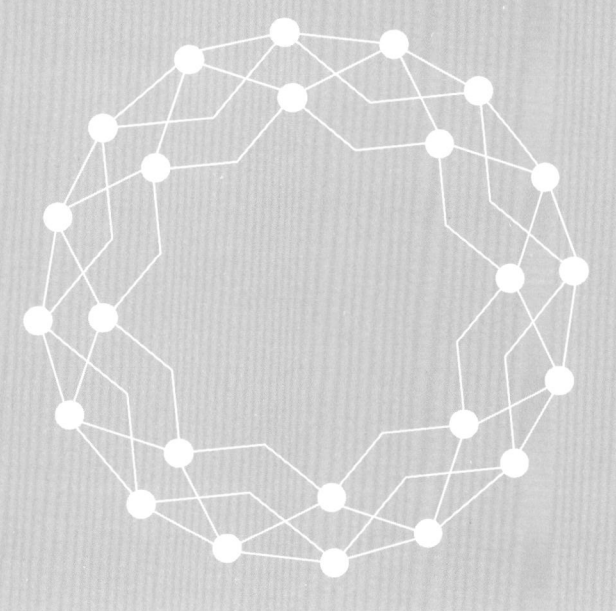

粤港澳大湾区战略性新兴产业研究

泰达机器人

　　深圳市泰达机器人有限公司（下文简称"泰达机器人"）是一家集方案设计、精密加工、组装调试、现场实施以及售后支持于一体的工业表面处理和流体控制领域的智能制造方案供应商。公司成立于2013年，总部位于深圳，分别在长沙、苏州、天津设有全资子公司。

　　泰达机器人聚焦于喷涂自动化、涂胶自动化及智能工厂自动化。针对不同行业的需求，整合工艺工程、运动控制、影像处理、激光测量、机器人及精密贴装、精密压合等技术，配合软件开发，为客户提供定制化的自动化设备和整体解决方案。

　　泰达机器人致力于为客户提供优质产品和全方位的服务，业务遍布汽车及汽车零部件、轨道交通、航空航天、海事装备、工程机械、消费电子、新能源、军工、家具、五金等行业。泰达机器人已拥有40多项国家专利技术，被评为国家高新技术企业。产品通过了ISO9001质量管理体系认证、ISO14001环境管理体系认证及BS OHSAS 18001职业健康安全管理体系认证。

【创业历程】
陈大立：从洋代理到打造民族品牌的华丽转身

2019 年春天，深圳市泰达机器人有限公司在微剂量、微雾化喷涂领域的研发取得了重大突破，自主研发的精密喷涂材料从生产工艺到设备研制均完成了进口替代的准备。过去很长一段时间，日本企业垄断了玻璃镀膜 OC 涂层精密技术，国产手机制造商购买一台日本 OC 涂层精密喷涂设备需要 600 多万元人民币，泰达机器人精密喷涂设备价格比日本同类产品便宜 40% 以上，这对众多国内手机制造商是重大利好。

这标志着深圳市泰达机器人有限公司已经成为国内喷涂机器人领域先进技术的领跑者，泰达机器人总经理陈大立也完成了从洋代理到打造民族品牌工业机器人的华丽转身。

告别安逸的代理生活

1990 年，陈大立从湖北工程学院中文系毕业后，被分配到湖北黄石

图 1.1　陈大立

十六中做中学语文老师，如果一直当老师，虽然生活很清贫，但也可以享受桃李满天下的幸福。年轻的陈大立偏偏喜欢闯荡，宁愿做一些富有挑战性的工作。1992 年，他辞职下海，来到北京一家代理公司工作。这家公司是世界最大的涂装集团固瑞克（Graco）在中国的第一个代理商。

　　陈大立做了两年销售之后，由于销售业绩突出，被正式招聘到固瑞克中国区总部，1994 年被派往武汉任华中地区的办事处主任，1998 年到

2000 年又任北京办事处主任。

陈大立语气铿锵地说道："进入外企 Graco 工作，我最大的收获是打开了视野，对涂装行业有了更深刻的认识。比如，后来我自己创业，投资界人士会对我说：'你怎么做喷涂机器人，这个行业太小了，你应该做具有更多机器人应用的行业。'但我会很坚定地告诉他们，喷涂机器人行业其实非常大，从大的船舶、飞机，到小的手机、电脑，都需要先进的喷涂技术服务，而这个观念就是在 Graco 时期树立的，牢不可破。"

从 1992 年进入喷涂行业开始，陈大立这一生就与喷涂行业结下了不解之缘。随着喷涂工艺的不断发展和完善，对喷涂机技术的改革也时刻在进行，自动化工业生产的要求逐渐提高，安全生产、环保生产等原则的不断贯彻，喷涂机器人的出现就成了必然，而这种高科技的喷涂设备也能很好地迎合各种工件的这些要求。

喷涂机器人，简单地说，就是可进行自动喷漆或喷涂其他涂料的工业机器人。喷涂机器人主要由机器人本体、计算机和相应的控制系统组成，多采用五或六自由度关节式结构，手臂有较大的运动空间，并可做复杂的轨迹运动，其腕部一般有 2～3 个自由度，可灵活运动。较先进的喷涂机器人腕部采用柔性手腕，既可向各个方向弯曲，又可转动，其动作类似人的手腕，能方便地通过较小的孔伸入工件内部，喷涂其内表面。喷涂机器人一般采用液压驱动，具有动作速度快、防爆性能好等特点，可通过手把手示教或点位示数来实现示教。

与传统人工喷涂相比，机器人喷涂能够提高近一倍的效率，节省下 30% 左右的涂料，喷涂产品的合格率接近 100%，这些巨大的优势让喷涂机器人被越来越多企业所接受。喷涂机器人广泛用于汽车、仪表、电器、搪瓷等工艺生产部门。

在外企做销售业务的时候，陈大立对喷涂机器人产品了解比较透彻，也了解到国内客户对底层应用的需求。虽然客户对外企的服务不周到也多有抱怨，但作为洋代理的陈大立当时也无法替客户解决更多的实际问题，心里早早埋下了日后创业的种子。

担任北京办事处主任的时候，陈大立的日子过得相当惬意，拿着外企的高收入，有源源不断的订单，生性喜欢折腾的他却觉得这样安逸的生活如果不自己去打破，就会落得"温水煮青蛙"的下场，会逐渐失去斗志。因此，有一段时间，他甚至想离开喷涂行业，在新的领域再创业。

当时，固瑞克美国高管对踏实肯干的陈大立颇为赏识，也知道他的创业雄心，提出如果他去华南地区创业，美国公司会给他提供资金和技术支持。因为那个时候华南地区的工厂绝大多数是"三来一补"企业，技术水平比较低，需要去大力培育自动化的市场。

"这是一个绝佳的创业机会。"陈大立暗想，于是只身来到东莞，创办了泰达机器人的前身——东莞市升泰流体机械有限公司，起初是代理固瑞克的产品，2006年开始做工业机器人系统集成。

那么，为何陈大立后来会从代理转而要做自主品牌的喷涂机器人呢？原来他在做代理和系统集成的过程中，发现机器人仅仅是完成自动涂装的工作载体，要确保机器人喷涂技术的先进性，就必须在工艺过程控制和工艺集成方面有自己的核心技术。

"华南地区已经成为全球最大的手机及 3C 产品的生产基地，但在使用国外先进工艺及设备做机器人喷涂集成的时候，会发现它的系统反应速度慢、不够精准，国外厂商提供的技术服务也不及时，同时中国用户个性化的需求也不断涌现，我们必须有足够强的自主研发能力去满足它。2013年我决定告别过去的代理生涯，走一条自主创新的路子，要尽自己最大的努力去满足国内客户对喷涂机器人的各种需求。"陈大立回忆道，"做代理的时候，供应链条很短，左手进，右手出，而后来做自主创新的企业、建立自己的品牌后，就把链条拉得很长了，从前期的物料管控到后期的产品质量管控和维护，包括了很多个环节，人才构成情况也要复杂得多，我面临着新的挑战。"

图 1.2　七八轴轨道机器人

　　显然，这场挑战是多方面的，搭建队伍、梳理流程、组织研发、激励机制、项目管理、市场开拓……没有一项是轻松的事情。陈大立创办泰达机器人之初，第一个大动作是迁址。

　　2013 年春天，陈大立将一手创办的泰达机器人计划从东莞迁到深圳时，身边的亲友们纷纷表示不解："深圳的房价那么贵，很多企业都逃离深圳，到房价便宜一些的城市，比如东莞或惠州，你为什么要逆势而为？"

　　陈大立却认为，要做研发型的企业，最重要的事情就是吸引到高端研发人才加盟泰达机器人，而只有到深圳才能招聘到更高水平的研发人才。"一下飞机，深圳机场的空气里就弥漫着创新的氛围，每个人走路都显得生气勃勃，在这座城市里，创新创业已经深入每个人的骨髓。"陈大立用诗一般的语言描述他对深圳的印象。于是，他决意把公司搬到深圳，在创新人才密集的南山区设立了机器人研发中心，在宝安建立生产基地。

　　经过几年的发展，泰达机器人不仅在深圳站稳了脚跟，还将客户群体拓展到家具、船舶、轨道交通、航空航天、重化工等领域，并在瑞典建立了研发中心，分别在长沙、苏州、天津设有全资子公司，如今，泰达机器人已经成长为喷涂机器人行业中的"小巨人"。

　　陈大立由一名中学语文教师变身为洋品牌代理，然后再成长为国产喷涂机器人领军企业家，这一路的拼搏饱含着无数的汗水与艰辛。

让人才抱团并肩前行

　　从东莞到深圳，只是地域上的变化。而从代理到研发，却是企业本质上的转变。陈大立从思想上到行动上，对研发人才高度重视，用股权激励机制把人才拧成一股绳,并肩往前冲,可以说这是陈大立又一次对自我进行的彻底革新。

过去的代理业务,陈大立培养的销售队伍背靠国际大品牌,推销起来显然更轻车熟路,客户群体也是现成的;如果做自主研发的产品,销售队伍几乎需要重新培养。陈大立从研发部、工程部挑选专业人才,转型做销售。

"除了人才队伍要重新建设,当时包括东莞、苏州两个销售点,每年已经有 6000 多万元人民币的销售业绩,我搬离东莞,就是要与以前的代理销售模式告别,等于舍弃了每年几千万元人民币的稳定代理业绩。我们破釜沉舟,就是要走一条自主创新的路子。"陈大立自豪地说,"那些能留下来的老员工,也是经过了痛苦蜕变才能跟上公司快速发展的步伐;新招聘进来的员工特别拼,给这家转型做喷涂机器人的企业注入了新的活力。"

研发部门负责人向阳是在 2013 年年初加入泰达机器人的,当时是在工程部门做技术设计,为工程提供技术支持。没过多久,泰达机器人决定自主研发喷涂设备,专门设立了研发部门,陈大立任命向阳为该部门的负责人。向阳做机械设计工作 32 年了,之前在大型军工厂做了二十几年的研发,后来南下来到深圳发展,他很清楚民营企业,特别是像泰达机器人这样规模还不算大的民营企业,要去做研发是多么不容易,因此他也很敬佩陈大立的执着和胆识。

"在陈大立的带领下,研发部员工非常拼,短短两年的时间,我们就获得了国家级高新技术企业的资质,有我本人参与的专利就超过 15 项。我那些做机械设计的朋友们都十分羡慕我找到一个难得的好老板、一个难得的好平台。"现任泰达机器人工程设计中心副总经理的向阳如此评价自己过去的工作成果。

为了留住核心骨干人才，将研发队伍凝聚在一起，为共同的目标奋斗，陈大立进行了股权激励，这是他来深圳自主创新创业的一大新举措。

他回忆，过去在东莞的时候，从自己公司离职的员工很多后来都成了小老板，公司曾一度被业内人士称为"黄埔军校"，是小老板的摇篮。到

图 1.3　陈大立领导的泰达机器人团队

深圳来一看，发现深圳自动化行业的中小型企业也非常多，很多技术人员出来自己做老板。但这些小企业的发展其实很受限，因为如果不能及时顺应时代潮流进行更新换代，就会面临技术落伍、企业规模难以增长的困局。"我当时就想到底如何才能改变这个局面，如何把优秀人才都留住，一起做大企业。最后决定进行股改，引进高端人才，打造新员工持股平台。"2015年6月，陈大立拿出30%的股份，让18位优秀员工持股。

安然，英国曼彻斯特大学毕业，航空工程博士，在英国著名海洋工程咨询公司Wood Group Kenny等公司从事过9年的海上石油开采系统设计，

图1.4　泰达机器人研发中心落成

中航通用飞机有限责任公司前适航工程师，加盟泰达机器人后，担任研发中心 CTO（首席技术官）。

张明，拥有 12 年汽车零部件、3C 领域涂装应用及生产管理经验，精通汽车内外饰件 PU（聚氨酯涂料）、UV（紫外线光固化涂料）的应用和工艺，花都法雷奥汽车零部件公司前高级经理，现任职泰达机器人项目管理中心总经理。

杨雪文，拥有 27 年自动化管理经验，曾任茂名市腈纶化学工业公司高级技术总监、富士康集团表面处理技术专理，现担任泰达机器人工艺技术中心总监。

…………

这些优秀人才进入泰达机器人这个平台后，勤勤恳恳，以厂为家，共同营造良好的工作氛围。可以说，这是一个大家共同创业的平台，每一个人在这个平台上充分释放着智慧和才华。

陈大立注重研发，每年拿出销售收入的 10% 用作研发投入，并与中科院深圳先进院、中科院宁波材料技术与工程研究所等科研机构深入合作，共建实验室，泰达机器人已拥有 40 多项国家专利技术，被评为国家高新技术企业。连续两年，泰达机器人获得"中国自动化行业最佳雇主"提名，连续 4 年被深圳机器人协会授予"全国十大机器人系统集成商奖"，连续 5 年被 GGII（高工产业研究院）授予"最佳工程案例奖金球奖""喷涂机器人系统集成商水晶球奖""最具投资价值企业奖"。

融资为企业快速发展注入血液

2017 年底，上市公司深圳汇川技术股份有限公司和大族激光科技产业集团股份有限公司一起投资了泰达机器人，这为泰达机器人快速发展注入了宝贵的血液。

陈大立说："我们最初选择与汇川技术合作，是基于产业协同的考虑，深圳汇川技术股份有限公司有自动化控制领域'小华为'的美誉，由于喷涂是非常细分的市场，因此在产业协同上我们两家企业并没有太多的协同机会，但我从汇川技术公司的创始人朱兴明董事长身上学习到了非常宝贵

图 1.5　同步外部轴轨道机器人

的东西。"

在陈大立眼中，喷涂机器人行业不像互联网行业有爆发式增长的机会，需要不断地对人事管理、财务建设、营销管理、技术研发、工程实施、生产制造等进行体系化的建设，创业者必须具有市场的前瞻性眼光和很强的综合能力。即使这样，一个人还不行，还必须依靠一支优秀的团队，才能在创业的道路上走得更远、更顺。2017 年，泰达机器人年销售约 1 亿元人民币，企业处于初创期向成长期过渡的阶段，迫切需要对公司发展路径和组织架构进行系统性梳理，朱兴明分享的创业经验正好给了陈大立巨大的启迪。

陈大立说："我很钦佩朱兴明的思想深度，他告诉我汇川技术是如何发展起来的，出现过哪些问题，我们应该如何规避，这些经验对我们企业的发展非常宝贵。我记得很清楚的是 2018 年夏季的一天，朱兴明把我叫到他办公室交流了一个上午，这次的深入交流让我脑洞大开，汇川技术曾经也面临国内同行打价格战的困境，但他们选择做行业细分领域的优质产品，企业内部有'行长'的概念，针对每个细分行业选拔出技术带头人，比如 2005 年针对日渐兴起的中国房地产市场，汇川技术投入精力研发了一体专机，过去一个熟练工人每天只能调试两台电梯，应用汇川一体机之后，一个工人只需要 20 分钟就可以完成一部电梯的调试。他的故事给了我启发，在喷涂领域，还有很多细分行业的需求亟待泰达机器人去满足，我们还有很多的研发工作可以深入开展。"

从朱兴明身上，陈大立看到做自主研发的价值，看到机器人在行业细分领域的巨大机会。他诚挚地说："应该说我是个有福之人，在企业发展的关键时期遇到了正确的产业投资人，他的创业经验和精华思想让泰达机器人少走很多弯路，也让我看到更光明的未来。"

【专家眺望】
细分领域给了国产工业机器人逆袭的机会

　　曾有一位学院派的专家，对国产工业机器人的发展现状表现出强烈的失望和担忧，认为国产机器人应该在核心元器件上有所突破，才能把国产工业机器人做强。

　　在国内喷涂自动化行业摸爬滚打20多年的陈大立却不以为然。他说："国外品牌经过几十年的技术沉淀，确实有过人之处，但我们也要看到他们的短板，瑞士的ABB（由阿西亚公司和布朗勃法瑞公司合并而成，是电力和自动化技术领域的领导厂商）、德国的库卡、日本的发那科和安川电机并称为工业机器人'四大家族'，他们最早是从将机器人应用于汽车工业开始的，在其他工业领域他们也是沿用汽车工业的机器人产品，那么就会有不适合其他行业具体需求的地方，我们国内的3C产品、家具、手机等生产制造需要精密喷涂技术，这就是泰达机器人应该重点发力的地方。因此，我认为细分领域给了国产工业机器人逆袭的机会，只有关注细分领域的技术创新，才能让国产工业机器人实现'弯道超车'。"

得到客户认可深感自豪

首先要充分理解细分领域对喷涂机器人的真实需求，然后竭尽全力去满足它，实现自有技术的创新突破和技术积累。陈大立深谙此道，也凭借专业的服务精神得到客户的高度认可。

2016 年 3 月 24 日，由深圳市机器人协会举办的首场"3C 行业'机器换人'公益助推活动"成果示范展示大会在深圳隆重举行，泰达机器人重点展示了手机背壳机器人喷涂案例。泰达机器人将其自主研发的"机器人闭环流量控制技术"运用于深圳市德威精密模具有限公司的手机背壳自动化喷涂线，用 6 台机器人加上 12 支喷枪，能非常精准地控制流体喷涂量，确保产品表面涂层膜厚度均匀，很好地减少浪费，大幅提高良品率，一条

图 1.6　陈大立在"3C 行业'机器换人'公益助推活动"成果示范展示大会上发言

机器人流水线一个小时能够喷涂 10200 个手机背壳。

　　"采用手机背壳机器人喷涂解决方案后，不仅让我们的涂料利用率提高了 30%，VOC（挥发性有机化合物）减排 40%，手机良品率更是提升至 95%，并且在一年半时间内收回了所有的投入。"深圳市德威精密模具有限公司相关负责人介绍说。

图 1.7　三角机器人在线追踪

　　台湾上市企业在大陆设立的东莞广泽汽车饰件有限公司（下文简称"广泽"）是一家专业从事汽车水转印零部件生产的企业。2016 年，广泽提出需要上马一条水转印自动化生产线。这是广泽首次尝试无人化生产。泰达机器人在这一自动化改造项目的招标中胜出。为了打造最好的水转印自动化生产线，泰达机器人的工程师与客户的自动化工程师进行联合设计。

　　陈大立说："这个项目集成化、自动化程度很高。要使 15 台机器人联动，每个机器人有不同的工艺要求，需要对被喷涂物件进行自动判别，机器人直线追踪比较多，而三角机器人的追踪对高度、角度、速度都有很高的要求。使用自动化生产线之前，两班制需要 80 ～ 100 人，使用自动化生产线之后所需员工不到 20 人，全过程自动化生产线，完全满足柔性化、自动化生产线的需求。这个项目的成功实施，证明了泰达机器人过硬的技术实力。广泽在墨西哥、武汉等地工厂的自动化改造项目都陆续交给泰达机器人来承担。得到客户的认可，这令我感到非常自豪。"

智能数字化喷涂系统小试牛刀

　　没有金刚钻，不揽瓷器活。泰达机器人在喷涂领域的精益求精，让它站上一个又一个技术巅峰。

　　2018 年 10 月，泰达机器人自主研发的智能数字化喷涂系统被美国一家汽车零部件制造商相中，美国的这家汽车零部件制造商将这套喷涂系统应用到该公司在美国和印度的生产车间。

　　陈大立介绍，数字化喷涂生产线基于 ARM Cortex-M（针对成本敏感的应用程序进行优化的深层嵌入式处理器）系列处理器，支持远程运维和数据监控，支持阿里云平台和 MQTT（一个基于客户端—服务器的消息发布 / 订阅传输协议）通信的基础上，采用双行程容积式精密计量和配比混合系统及泰达自有的 HMI（人机接口）控制和喷涂管理平台而建立。整个喷涂生产线包括底漆、色漆、珍珠漆和清漆四个喷涂工位。整个数字化喷涂系统由 7 台机器人、7 台泰达流体柜、60 个涂料供应传感器和 1 台泰达工控机组成。整套喷涂系统集成程度高、占地小、智能化程度高，允许柔

图 1.8　智能数字化喷涂系统

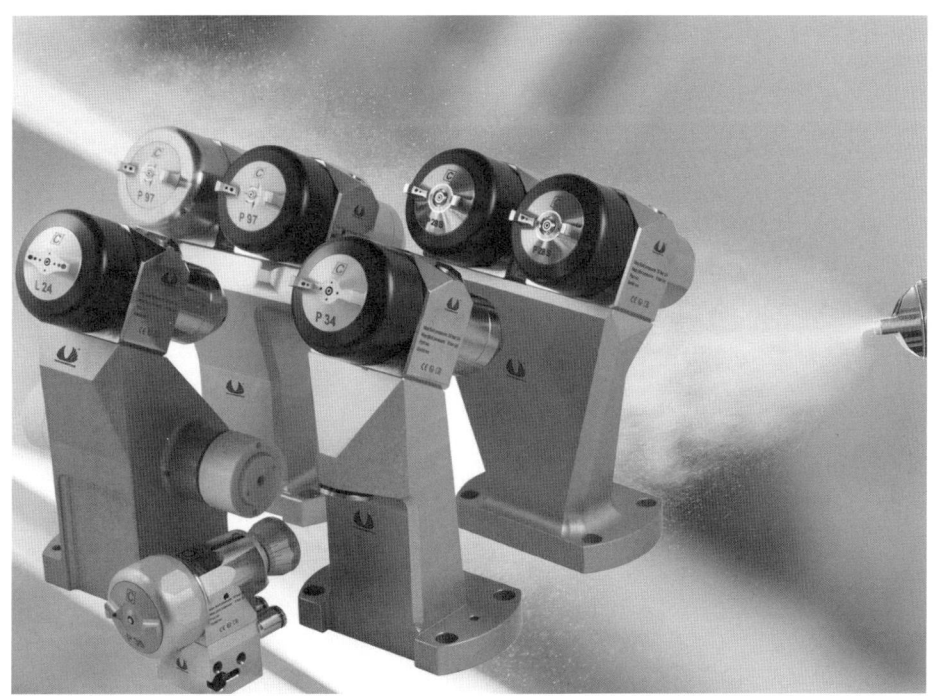

图 1.9　精密雾化技术

性生产，利用 60 个涂料供应传感器将调漆间的各种涂料供给状况实时反馈给流体控制系统和机器人，极大地降低废品生成率。

采用精密的雾化技术，喷嘴尺寸 0.3 ~ 6.3 毫米可选，适用范围广，无死角设计且标配适配器，雾化技术世界领先，雾化离子 ≤ 3 微米，具有优异的雾化效果和超高的传递效率，实现均匀的涂料分布，出色的涂层质量膜厚控制达到 ±1 微米，低溶剂消耗，降低 VOC，适用于多种涂料。

喷涂生产线由泰达工控机接收生产线指令，工控机将指令分解发给 7 个泰达流体柜，由流体柜控制机器人执行喷涂动作并实施喷涂、清洗、换色和报警等工艺流程。所有与喷涂相关的信息可以由工控机通过总线反馈给能量管理系统。

陈大立微笑地介绍说："整个系统公司自主研发产品，比重近 70%，通过对 TCA 100/500 软件控制平台和核心流体技术、雾化技术的集成应用，研发了全新的机型，实现数字化喷涂，已成为出口国当地最成熟、先进的喷涂产线，引起同行高度重视。2019 年第一季度，该项目给泰达机器人新增 2000 万元人民币复制订单。"

喷涂细分行业蕴藏巨大机会

在汽车生产间里，一排排整齐划一、穿戴整齐的机械手臂快速而精准地给汽车外壳喷涂着色，如今，这样的场景已经变得十分常见，而且针对汽车行业量身定做的喷涂机器人已经有了更多的"变种"，它们纷纷在 3C 产品、家具产品、航空航天、海事装备等生产线上发挥着更大威力。

对于泰达机器人的未来发展，陈大立充满了信心，他说："涂料消费市场巨大，当前我们的应用领域仅集中于车用涂料内的汽车内饰件涂料，整体占比不足 2%，未来开拓领域巨大。"

来自前瞻产业研究院的数据显示，从喷枪市场数据来看，2013 至 2017 年，随着建筑装修、车辆喷涂、金属喷涂、塑料喷涂、木制品喷涂、工业喷涂、纳米材料喷涂、艺术喷涂等领域的发展，我国喷枪需求量不断扩大，增速保持在 8% 左右。2017 年，我国喷枪需求量为 1590 万个。预计 2018 至 2023 年我国喷枪需求量还将不断扩大，但增速会有所下降。[1]

1　数据来源：前瞻产业研究院，链接地址：https://www.qianzhan.com/analyst/detail/220/180314-a40fc64d.html

2017 年，我国涂料工业总产量达 2036.4 万吨，同比增长 12.38%。我国涂料产品已经占全球 30% 以上的产量份额，中国也连续 9 年成为世界涂料第一产销国。[1]

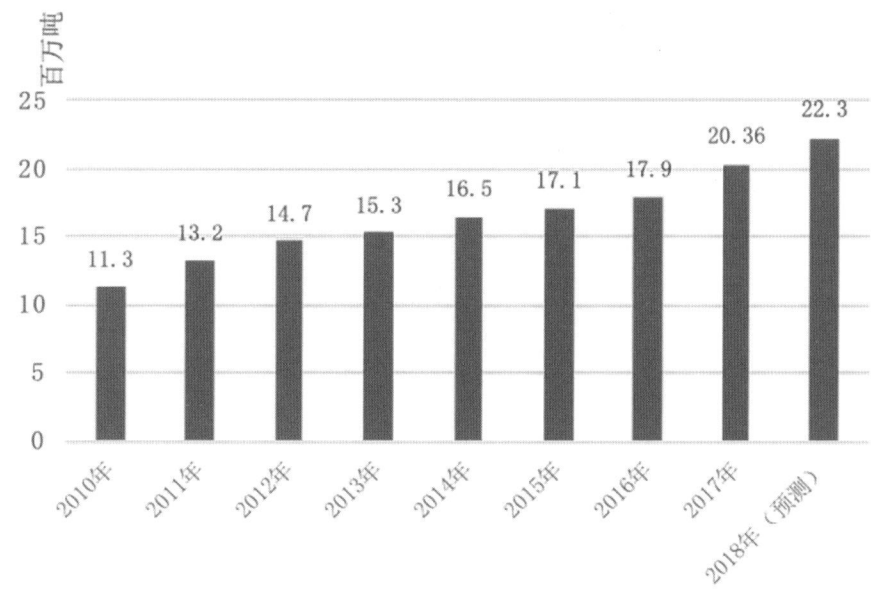

图 1.10　2010—2018 年（预测）中国油漆及涂料的销量

从细分领域占比来看，2017 年我国工业涂料总产量达 1295.4 万吨，占全国涂料总产量的 63.61%，其中汽车涂料占比 9.97%。[2] 过去几年，建筑涂料率先初步完成了水性对溶剂型的替代，但其汽车漆、木器漆和工业漆等领域的占比都还比较低。

1　数据来源：前瞻产业研究院，链接地址：https://www.qianzhan.com/analyst/detail/220/181022-2b151921.html

2　同上

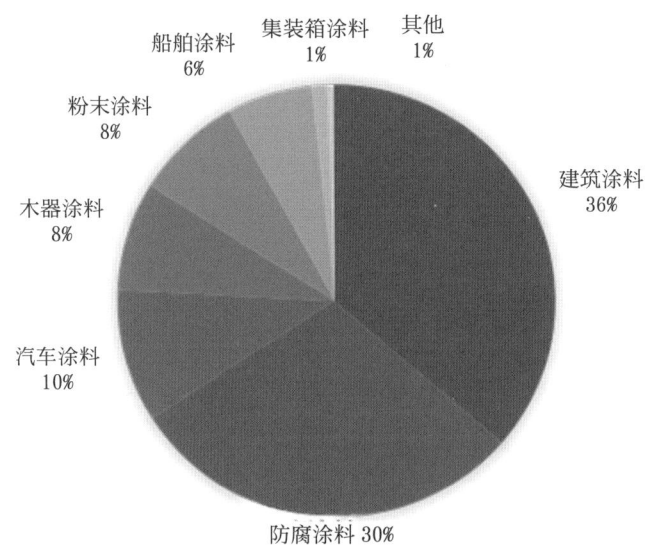

图 1.11 2017 年我国涂料各细分领域产量情况

　　"你看看上面这个饼状图，建筑涂料占 36%，防腐涂料占 30%，木器涂料占 8%，这都是我们未来瞄准的方向，我们要针对不同细分领域开发专用的机器人，比如，爬壁喷涂机器人可以应用于对轮船防腐涂料的喷涂中，轮式机器人可以用于喷涂建筑和家具，我们会逐步针对不同行业应用启动预研项目。随着喷涂工艺的不断升级，要求不断变高，我们对喷涂机器人的改造也时刻进行着。相信随着今后科技的不断发展，现代喷涂工艺还将产生质的飞跃。"陈大立也希望能像朱兴明那样建立起一套泰达机器人自己的"行长"制度，在各个细分领域有更出色的表现。

　　当前，以汽车、航空航天、家具家电等为主导的领域，喷涂机器人市场发展较为强劲，但其市场潜力还未全部释放。未来，随着已有领域的潜力挖掘逐渐深化，再加上向更多应用领域不断延伸，我国喷涂机器人市场还将迎来进一步发展。

用自主品牌产品全面替代进口

在细分领域要表现出足够的专业性并独占鳌头，这就要求泰达机器人不仅仅参与跟国内同行的角逐，还要面对包括 ABB、杜尔、发那科、安川等在内的国外老牌竞争者。众所周知，日本企业在材料技术上非常领先，他们常常掌握了一些新涂料的配方，还垄断了生产工艺和喷涂设备。这样的事情在高端手机制造领域就发生过。

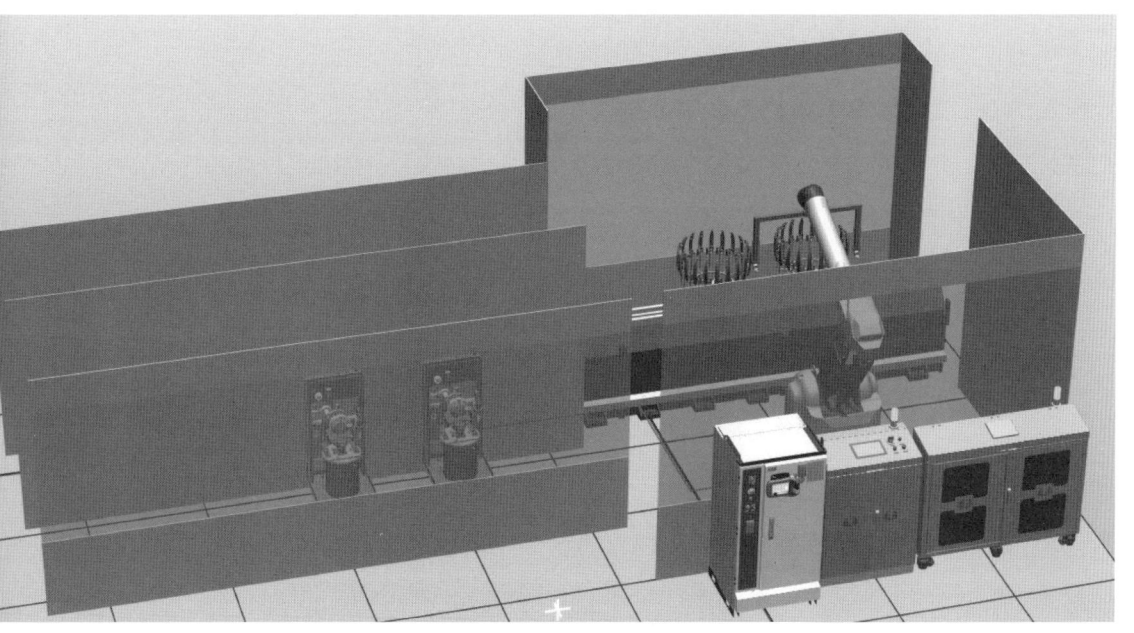

图 1.12　智能数字化喷涂模拟仿真系统示意图

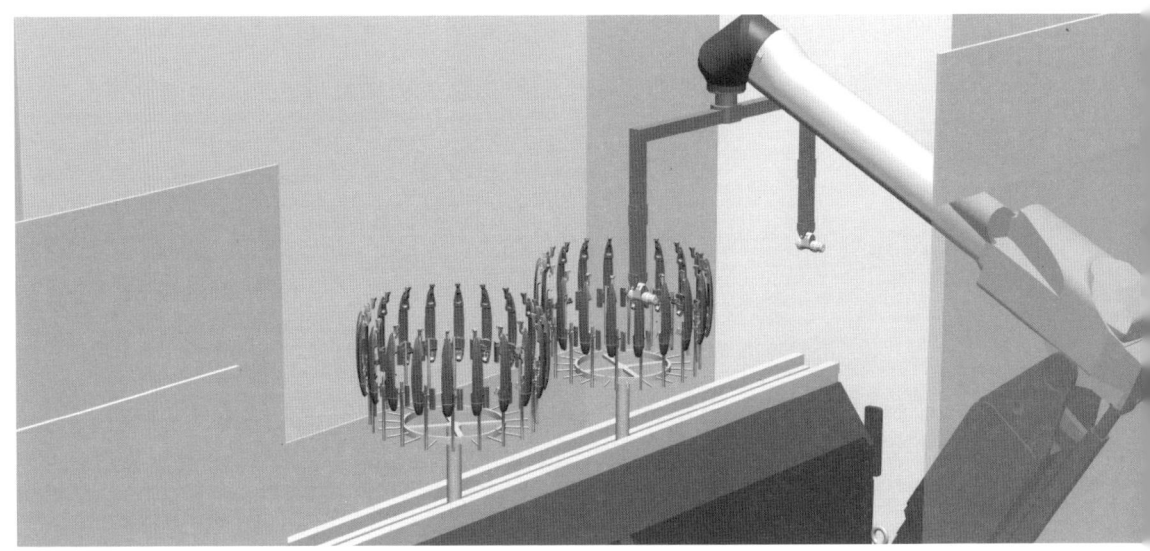

图 1.13　智能数字化喷涂模拟仿真

苹果手机屏幕经过玻璃镀膜处理变得更加耐摔，原因是采用了日本企业研发的 OC 涂层技术，不仅可以保证在 400 摄氏度高温下玻璃不会碎裂，而且能加强玻璃的强度。这个新型涂料的配方、生产工艺、喷涂机台都由日本企业独家掌握着，国内涂料商 2017 年底曾询问过泰达机器人是否有这种涂料，是否有相应的生产工艺，那时候泰达机器人并没有掌握这项技术。陈大立了解到日本品牌的喷涂机台一台就要 600 多万元人民币。

2018 年第三季度，泰达机器人瑞典研发中心与深圳研发中心两地高度协同，按照工艺应用需求进行自主产品研发。瑞典研发中心开发了一支微雾化喷枪，该喷枪在每分钟流量低于 1 毫升下应用亦能达到高精密雾化要求，达到了行业最高的技术标准。深圳研发中心的同事加班加点，利用泰达数字化软件平台开发了全新的微计量技术，能够无脉动不断流高精度稳定输出，精准控制涂料流量，消除了喷枪个体间流量差异，使得涂膜控制更加精准，操作更加简单，工艺再现性高。样机试制完成后经过测试，各项性能指标均达到或优于国外进口设备的技术指标，一举突破了制约国内客户发展的技术封锁。

"我们自主研发出核心喷涂装备，掌握了喷涂工艺，技术路线与日本人的完全不一样，但效果却更为理想，喷涂设备价格比日本产品至少便宜40%，这对国产品牌手机制造商是好消息。"陈大立不无自豪地说。

泰达机器人的宗旨就是聚焦流体、雾化技术，提供智能数字化解决方案。陈大立向来访者展示泰达机器人用自主研发技术进行全面替代进口的计划：60多款自主创新产品，拥有高精度，可以大大降低材料损耗；拥有先进平台技术，

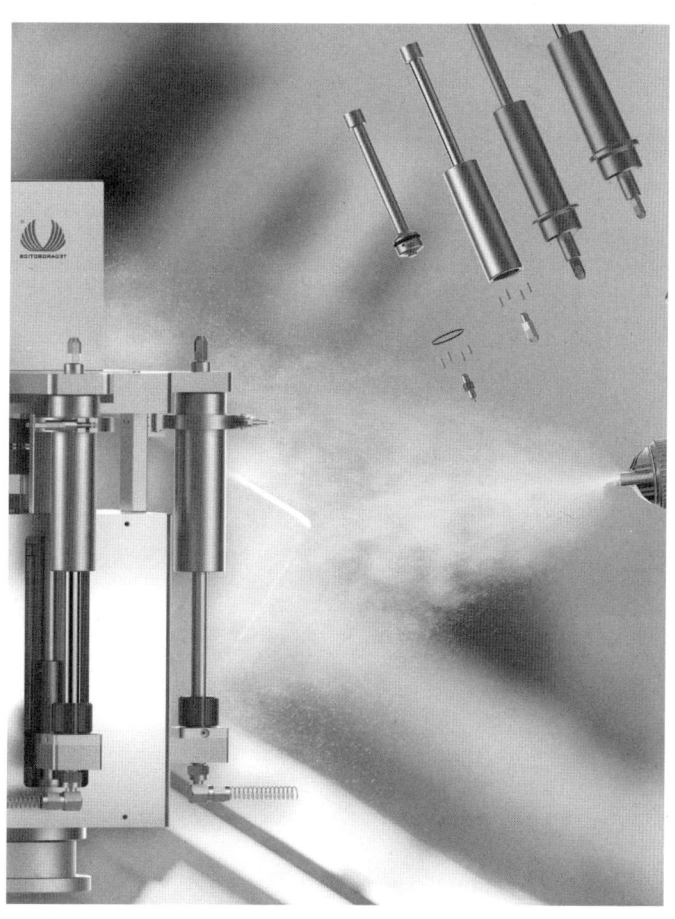

图1.14　单行程涂料多缸计量系统

可个性化定制；关注市场反应，紧跟新能源发展；成本优势明显，较同类进口设备节约 30% ~ 40%。

而今迈步从头越

"雄关漫道真如铁，而今迈步从头越。"

深圳市 2014 年 11 月出台的《深圳市机器人、可穿戴设备和智能装备产业发展规划（2014—2020）》中，机器人、可穿戴设备和智能装备产业被列为深圳的第五大未来产业。采用机器人技术和打磨抛光工艺的成套设备属于机器人、智能装备产业的范畴。"智能制造"在神州大地上正如火如荼地推进，泰达机器人也将在这个技术升级大潮中扮演更重要的角色。

2018 年，泰达机器人一共有 100 多名员工，销售收入达到 1 亿多元人民币，人均产值 100 多万元人民币。陈大立果断地说："国外机器人企业，一般人均产值是 300 万元人民币到 500 万元人民币，我们还有很大差距，需要继续努力追赶。"

新的方向在哪里呢？泰达机器人与中国科学院、中车集团合作，正在研发面向轨道交通的机器人高效打磨、绿色喷漆、激光除漆的技术，这是一个崭新的领域，也有巨大的市场需求。中国高速动车组屡次刷新世界铁路的运营速度纪录，已经成为中国制造的重要标志。目前，在国内，车体高标准制造所需要的车身打磨和抛光主要还是靠人工完成，存在劳动强度大、生产效率低和表面质量不稳定等问题。

陈大立介绍："在整个生产过程中，由于打磨机的角度不能自动调整，降低了工件表面光洁度；车身尺寸较大，限制了人工的工作范围，不能形成稳定的工艺流程；人工打磨还对人员素质提出了较高的要求，不适应动车组多品种、多规格的生产需求。而采用机器人打磨抛光时，可以控制打磨盘的角度和力度，使之在工作过程中与车身表面保持正确的角度和恒定的力矩，容易实现路径轨迹灵活、加工柔性大、操作简单和空间利用率高等优点。因此，我们可以研发一种针对动车组车身的多自由度智能型打磨抛光机器人，高效率地打磨车身腻子，从而解放生产力，降低人工成本，提高中国高速动车组制造的性价比，提升中国制造的市场竞争力。"

随着 5G 技术的日渐成熟，工业机器人产业将打开新的机会窗口，未来的工业机器人必须是智能的，具有感知、学习、执行等功能。泰达机器人准备如何抓住这个新的机会呢？

拥有丰富产业经验的陈大立对此有自己独到的见解："'阿尔法狗'之所以能战胜人类的世界冠军，是因为背后有自己的棋谱，经过超级计算和深度学习实现了人工智能的胜出，那么工业机器人背后的'棋谱'就是针对每个细分行业的'核心工艺数据库'，基于'核心工艺数据库'实现人工智能的自我学习，从而赋予工业机器人更强大的功能，这就是未来工业机器人发展的方向。"

"我对泰达机器人的未来很有信心。就眼下来看，喷涂机器人行业发展的广泛化、细分化、标准化、智能化趋势正在不断显现。在横向发展上正在从汽车主要市场向一般工业市场进行延伸；在纵向发展上正在根据工艺和材料分别向更为细分化的市场发展。不论是创新材料的应用，还是传统产业的改造升级，泰达机器人都有很多机会。比如，把膜厚技术控制在微米级以下级别，提供更好的玻璃表面处理的解决方案，应用前景会非常大。如今，我们企业的'肌体强健'，团队已经定下未来 5 到 10 年的发展计划，我们正团结一心奔向这个共同的目标。"陈大立展望着企业的美好未来，"短期来看，到 2021 年，泰达机器人要成为我国工业领域智能数字化喷涂及涂胶技术的领跑者，中期目标是到 2026 年成为我国工业及民用领域智能数字化喷涂及涂胶技术的领跑者，长期目标是 10 年内要成为全球工业及民用领域智能数字化喷涂及涂胶技术的领跑者。"

陈大立的描述让笔者脑海里浮现出了这样的一幕幕：喷涂机器人代替工人在给建筑物刷墙壁，给万吨巨轮喷涂防腐油漆，给各种电子产品和家具产品喷涂五颜六色的涂料……美好的蓝图正徐徐展开，泰达人迈着坚实的步伐，向着既定目标勇敢前行。

02 鸿栢科技：
用科技创新赋能焊接设备

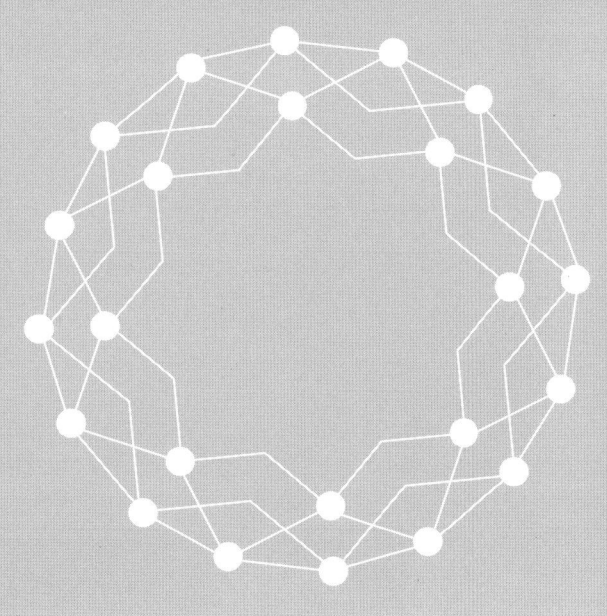

粤港澳大湾区
战略性新兴
产业研究

鸿栢科技

深圳市鸿栢科技实业有限公司（下文简称"鸿栢科技"）成立于2003年，注册资金2105.26万元人民币，自成立以来一直致力于自主研发、生产、销售针对汽车、船舶制造及五金、建筑行业的焊接设备，是一家从事多关节工业机器人与自动化设备、螺柱焊机、点焊机、弧焊机及其相关产品研发和生产的国家级高新技术企业。

"科技创新"是鸿栢科技的核心竞争力。公司年均研发投入占销售收入比例超过15%，先后承担了两项国家火炬计划项目、一项国家创新基金项目和多个深圳市科技创新项目；获得2个科技成果、3项国际发明专利、18项国内发明专利及其他软著（计算机软件著作权）、实用新型专利等100多项。企业自主研发出多项国内技术领先的产品，包括：六关节工业机器人，轿车车身螺柱焊接自动化成套设备、机器人螺柱焊机、机器人点焊机及手工和自动逆变直流点焊机、机器人、电极帽自动修磨更换一体机及各种电极帽修磨机、中空电动缸等，还可承接各种点焊、螺柱焊和弧焊等自动化焊接平台和机器人工作站业务。

【创业历程】
韩玉琦：焊接机器人领域的"黑马"

深圳市鸿栢科技实业有限公司董事长韩玉琦阅历丰富，曾做过教师、公务员、银行行长，如今的身份是企业家，经过10多年的拼搏，他带领的深圳市鸿栢科技实业有限公司成长为国产焊接机器人领域的一匹"黑马"，产品主要取代进口，广泛应用于国内各大汽车制造厂，如一汽大众、上汽大众、北京奔驰、一汽轿车、广汽丰田、东风日产、长安雪铁龙、通用汽车、雷诺汽车、宝沃汽车、长安汽车、比亚迪汽车、奇瑞汽车、长城汽车、吉利汽车等，销售收入连续多年保持稳定增长。

他为何能领导一家濒临破产的企业成长为行业的小巨人？韩玉琦说："我们始终相信科技创新的力量，多年来坚持对研发大手笔投入，才能在焊接设备领域持续创新，满足汽车制造厂商的需求，在今天的焊接机器人领域才有了鸿栢科技的一席之地。"

图 2.1　韩玉琦参加深圳机器人创新与发展论坛

投资后成为企业实际控制人

韩玉琦进入焊接设备产业纯属一个偶然机缘。

2003 年，韩玉琦从工作近十年的广发银行出来，与芜湖市政府合作成立了芜湖市高新技术创业投资有限公司。当时的想法是，由于奇瑞汽车是芜湖的明星企业，这家投资公司希望寻找与汽车产业相关的项目进行投资。深圳市鸿栢科技实业有限公司由于拥有螺柱焊接的一项专利技术，进入了韩玉琦的视野。

在进行投资前期，韩玉琦对国内螺柱焊接技术展开了调研，发现国内的汽车制造商都是采用进口设备，埃姆哈特和尼尔森两个品牌占了 90% 以上的市场份额。洋品牌的设备不但价格昂贵，而且售后服务不好，汽车厂家对这两个品牌的焊接设备也并不满意。他想，如果鸿栢科技的产品可以实现进口替代，还是有非常大的发展前景的。基于此，他希望芜湖市高新技术创业投资有限公司能够投资螺柱焊接项目。

出乎意料的是，芜湖市高新技术创业投资有限公司并没有看上鸿栢科技的螺柱焊机项目，认为风险太大。而韩玉琦却认定这是一个"金娃娃"，他决定个人投资鸿栢科技的螺柱焊接项目，2004 年成为股东之后才发现这是一个"坑"，技术不仅是徒有虚名，而且根本无法满足市场上的需求。当时他已经从芜湖市高新技术创业投资有限公司退出了，摆在面前唯一的出路就是把鸿栢科技的螺柱焊接项目做起来。

一个文科出身的人，要想把螺柱焊接设备这个难啃的骨头搞定，谈何容易！韩玉琦想，要么重新组建一支研发团队，要么在市场上找研发人员外包出去，当时他对企业的累计投资超过 400 万元人民币，资金上捉襟见肘，为了节约开支，他只能找懂得软硬件设计的工程师外包。2005 年，他遇到了工程师高网根，高网根花了近半年时间，结合鸿栢科技的相关工艺资料，做出了螺柱焊接全新原理图。韩玉琦把高网根聘请到公司，让他出任鸿栢科技的研发总监。

从 2005 年到 2006 年，是鸿栢科技最艰难的起步阶段，除了持续投入开发，市场方向也不明确。为了维持现金流，公司也零星售卖几千元一套的小型螺柱焊机、点焊机，而韩玉琦一心想给汽车制造厂配套，可是汽车生产厂对产品要求特别高，尤其是自动化设备的引入，必须经过各种十分严格的测试，才能作为新供应商引入，这是一个漫长的等待过程。

有一段时间，为了维持企业活下去，韩玉琦要靠借钱度日，过去当行长的时候，可谓风光无限，轮到自己做实业了，不得不放下身段，开口向昔日的同窗好友或者学生借钱。那个时候，韩玉琦每天盯的都是研发进度和有限的资金还能撑多久，要说他不焦虑那肯定是假的，但他心底里一直有信念撑着继续前行：我们一定能行，鸿栢科技研制的螺柱焊机总有一天可以取代中国汽车制造厂里的洋品牌。

用实力推开进口替代的大门

2007 年，奇瑞汽车大举扩张，一下上马了几十条生产线，鸿栢科技刚好通过了奇瑞汽车的所有测试，进入供应商链条，那一年，鸿栢科技给奇瑞供货 100 多套螺柱焊机。"大约 300 万元人民币的订单，这是鸿栢科技第一个大订单，而且是来自汽车制造商的订单。"韩玉琦多年期盼的愿望终于实现了！他还想用自主研发的螺柱焊机敲开更多汽车制造商的大门。

　　韩玉琦发现，国内合资的汽车生产厂家对国产设备更加青睐，因为他们有成熟的供应商引入体系，也对设备有更深刻的认识，还有降成本的目标，所以只要按照规定的流程通过实验室测试、现场测试，拿到合格的测试报告，就可以进入供应商名录。鸿栢科技凭借过硬的产品质量、良好的售后服务，陆续打开了一汽大众、上汽大众、广汽丰田等企业的大门，自动螺柱焊机开始大量地取代洋品牌螺柱焊机。

"过去，一套外国品牌的手动螺柱焊机售价是60万元人民币，自动螺柱焊机更是高达150万元人民币，鸿栢科技同类产品出来后，把洋品牌从高位拉下马来，国内汽车厂家因为选用了我们的设备，节约了大量的外汇。曾有一家国内汽车厂家统计过，使用鸿栢科技的螺柱焊机，3

图2.2　韩玉琦领到上汽大众国产化设备认可证书

年内节约了 5000 万元人民币。"韩玉琦自豪地说。

　　韩玉琦的儿子韩沛文从北京师范大学国际金融专业毕业后，在银行工作了两年，就被父亲叫到鸿栢科技做采购经理，再担任总经理助理，一步一步磨练出来，2011 年担任企业总经理。韩沛文在父亲打下的基础上，开始拓展更多的客户，通用汽车、雷诺汽车、宝沃汽车、长安汽车、比亚迪汽车、长城汽车、吉利汽车等都成了鸿栢科技的客户。

　　鸿栢科技的螺柱焊机国内市场占有率逐年攀升，鸿栢科技成为行业内

图 2.3　广东省焊装设备工程技术研究中心成立时专家组成员合影

的知名品牌，2016 年被认定为宝安区机器人骨干企业，广东省工业机器人产业知名品牌创建示范区代表性企业之一；2017 年获评深圳市十大工业机器人企业；2017 年企业技术中心被认定为广东省焊装设备工程技术研究中心。经过十余年的发展，企业已成为国内焊接领域的骨干企业，2017 年荣获"中国焊接设备行业知名企业"称号，韩玉琦荣获"杰出贡献奖"。

研制焊接机器人进军工业 4.0

韩玉琦对研发工作舍得投入，研发投入占全年销售额的 15% 以上。一方面是引进优秀的人才，引入了李家波、陈良军、张金泳、蒋林等年轻的技术人才担纲研发；另一方面是针对汽车生产商的新需求，立项研发新的产品。

2013 年，针对汽车普遍采用高强度钢材，使用普通的焊接方式无法保证焊接质量，韩玉琦创造性地提出采用次高频逆变直流，他介绍道："进口点焊机的工作频率是 1000 赫兹，我们把工作频率提高到了 10000 赫兹，采用了目前世界上最先进的高频逆变技术、全桥软开关技术和 DSP（数字信号处理器）数字控制技术；输出频率 10000 赫兹；具有变压器小、输出功率大、焊接成型好、焊接飞溅少、控制精度高等特点。在焊接多层镀锌钢板和高强度钢板上，不但焊点质量好，而且可以做到基本无飞溅或很少飞溅。"次高频逆变直流点焊机被国家列为"2013 年度创新基金资助项目"和"国家火炬计划项目"，2014 年荣获宝安区技术发明奖。目前，该产品已经被上海大众的途观纵梁、A-plus 项目和 Yeti 项目，神龙汽车的 G25 改造项目和 G95 改造项目，一汽大众的捷达项目，一汽轿车、东风乘用车、

图2.4　2019年4月，鸿栢科技研制的智哥机器人亮相第五届深圳国际机器人与智能系统博览会

比亚迪汽车、北汽福田、陕汽通家等多个汽车项目采用，并且都是用来焊接高强度钢板和多层钢板。

在世界工业机器人业界中，瑞士的 ABB、日本的发那科（FANUC）和安川电机、德国的库卡（KUKA）四大企业被称为机器人"四大家族"。全球机器人市场中，"四大家族"一直占据着重要位置，总市场份额一度超过 50%。鸿栢科技工程师与国外"四大家族"工业机器人配合的时候发现，外国品牌的底层技术不对中国人开放，造成了严重的技术壁垒，在通信连接上、底层数据交换上有问题，因此，韩玉琦带领鸿栢科技开始研发六轴工业机器人本体，2014 年成功立项，这个项目于 2015 年获得深圳市重大产业攻关项目资助，主要运用 ARM 架构的处理器，自主研究工业机器人的控制系统。

从 2017 年开始，鸿栢科技年销售突破 1 亿元人民币，每年纳税超过 2000 万元人民币。2018 年 1 月，深圳市人才创新创业三号一期股权投资基金给鸿栢科技投资 1500 万元人民币，这是对鸿栢科技多年持续在焊接机器人领域投入研发的一种肯定。

对企业的未来，韩玉琦抱有巨大的信心："随着焊接工人工资越来越高，加上愿意从事焊接工作的年轻人越来越少，市场上对焊接机器人的需求是越来越大，而 5G 时代到来，对工业机器人发展是巨大利好，我们的焊接机器人有物联网接口，未来可以收集大量的工业数据，可以对焊接效果进行综合分析，进行远程控制和维修更为方便。未来 10 年，将是工业 4.0 蓬勃发展的 10 年。加上新能源汽车的兴起，未来几年智能化汽车生产车间的建设需求较大。由于我们在轿车车身焊接领域知名度高，有较好的客户基础，根据机器人项目计划和整体技术特点，公司拟以汽车制造业为主，将焊接机器人项目成果首先在公司现有的重点客户中进行推广试用，达到规模化效应后，再逐步向整个汽车、船舶和五金制造等行业稳步推进。"

【专家眺望】
国产智能焊接机器人大有可为

随着尖端科技的发展成熟，工业机器人得以成为制造业的主角。工业机器人在许多生产领域的使用实践证明，它在提高生产自动化水平，提高劳动生产率和产品质量以及经济效益，改善工人劳动条件等方面，有着非常大的作用。目前,整个机器人应用行业基本上以每年30%的速度在增长。

"本体＋集成"的发展模式成为趋势

"'本体＋集成'的发展模式成为全球机器人公司发展的共同趋势，焊接机器人也将遵循这个趋势，我们正在研发更智能的焊接机器人，满足国内市场的需求。"深圳市鸿栢科技实业有限公司董事长韩玉琦说。

《深圳机器人产业发展白皮书（2018年）》显示，2018年深圳市机器人产业总产值增长至近1200亿元人民币，工业机器人的产值增速有所放缓，2018年深圳工业机器人产值约为803亿元人民币，增长率为6.25%。从企业的数量来看，工业机器人企业主要聚集在宝安区，龙华区增速最快；从产值来看，南山区所占比例仍较高。

目前，深圳工业机器人已有较完整的产业链，大致可分为核心零部件、本体制造、系统集成服务等环节。核心零部件包括控制系统、伺服电机、精密减速器及传感器等；本体制造，包括机器人的结构和功能设计及实现；系统集成，是指按照客户需求进行设计和组装。

工业机器人本体早已不是利润中心。本土企业在关键零部件依赖进口的情况下发展本体，可以说是勇敢者的游戏。深圳的本体机器人企业多数陷入模仿组装和价格战，主要依靠政府资助、资本力量和行业资源获得一定的市场外，多数出货量都比较小，且单品毛利率低于10%。

韩玉琦对工业机器人"四大家族"做过深入研究，了解到它们在机器人领域的绝对领导地位来自业务先发优势和全产业链布局优势，追溯"四大家族"的发展进程，它们早期均从事机器人产业链相关的业务，虽然起步业务和发展路径各不相同，但最终都实现了从应用开发、前端销售、系统集成到客户服务的全价值链业务模式。他表示，中国想要在工业互联网的发展上取得先机，必须在工业机器人领域有所突破。如今大部分的国际市场被洋品牌抢占了先机，如果要杀出重围，必须从产业链出发，生产数控系统、运动控制系统或伺服电机等自动化零部件的厂商，可依托技术优势向全产业链布局，做系统集成的厂家也可以发挥在各自细分行业领域的优势，对产业链上下游进行深耕细作，发挥业务的协同性。

他说："近年来，'本体＋集成'的发展模式成为全球机器人公司发展的共同趋势。系统集成商上游采购工业机器人等设备，根据下游客户的具体要求，给出合理的设计方案，完成产线的组装和调试。一般来说，一个单纯的系统集成商，其核心竞争优势在于对下游行业的理解、设计能力、历史业绩情况及客户资源。从长期的发展来看，系统集成环节的竞争将会比较激烈，单纯的系统集成商需要向上游核心设备制造环节拓展，以保证自己的成本不处于劣势。这也就是鸿栢科技为何从单一的螺柱焊机产品，发展到今天研制出多关节工业机器人与自动化设备的原因。"

国产焊接机器人有巨大的提升空间

工业机器人市场中使用量最大的是搬运机器人、装配机器人和焊接机器人，这三种类型的工业机器人保有量占到世界工业机器人总保有量的近90%，其中，焊接机器人约占9%。中国是全球焊接机器人的第一大市场，其中汽车焊接领域又是工业机器人运用最集中的地方。在汽车焊装生产线上，使用最多的为点焊机器人、弧焊机器人和螺柱焊机器人。因此，我国焊接机器人市场前景广阔、发展潜力巨大。

目前，国内焊接机器人应用市场主要分为日系、欧美系和国产三类。其中，日系主要以安川 MOTOMAN（如 MOTOMAN-ES165D）、OTC（如FD_V166）、松下（如 VR-006L）、发那科（如 R-2000iB/165F）等机器人为主，欧美系以德国的库卡（如 KR-150R3100PRIME）、卡尔克鲁斯（如 ROMAT350）、瑞士的 ABB（如 IRB6650S）以及奥地利的 IGM（如RTE499）机器人等，国产焊接机器人主要以沈阳新松机器人、广州数控机器人为主。

和国外产品相比，国产焊接机器人在价格和性能两个方面都处于劣势。究其根本原因，就是在焊接机器人系统的关键技术方面没有突破，落后于人，受制于人。主要表现在：在机器人运动控制方面，目前没有实现笛卡尔空间加速度连续光滑的高阶样条轨迹插补，这是轨迹精度和效率不高的重要原因。在伺服电机驱动技术方面，没有很好解决低频振动和高频谐振的抑制问题，缺乏闭环系统的 PID（比例－积分－微分）参数自动调整算法，导致点位运动作业定位时间过长，作业效率受限。在高速通信总线方面，缺乏自主高速、可靠的通信总线技术。这是导致机器人系统各模块之间易受干扰、不可靠的重要原因。在伺服点焊钳力矩闭环控制技术方面，没有实施基于高分辨率的力／力矩传感器的力矩闭环控制以及作业点形变补偿，这是影响点焊接质量的重要环节。在机器人弧焊焊缝跟踪技术方面，尚未实施稳定有效的焊缝质量跟踪及在线校正技术，导致某些工况下弧焊质量受限。"上述焊接机器人系统的关键技术的突破，是改进和提升国产焊接机器人系统性能的关键。"韩玉琦分析道。

获深圳市重大产业技术攻关项目支持

2015 年，鸿栢科技承担的"焊接机器人系统关键技术研究"项目被列为深圳市重大产业技术攻关项目，获资助金额 500 万元人民币。韩玉琦说："鸿栢科技研发投入资金主要来自企业经营利润，企业启动焊接机器人研发项目需要投入更多的研发资金，2016 年企业机器人项目成果有了较大进展，但需要投入的资金也急剧增加，而 2016 年汽车行业经济不景气，公司营收也受到一定影响，这时鸿栢科技焊接机器人系统关键技术研究项目获得了深圳市科技创新委的重大产业技术攻关项目资助 500 万元人民币，这不仅在资金上给予我们极大的扶持，也对我们研发具备自主知识产权的焊接机器人起到鼓舞和激励的作用，坚定了我们继续研发的信心。"

鸿栢科技的"焊接机器人系统关键技术研究"项目正是围绕高性能焊

接机器人系统的关键技术产业化应用展开研究。项目的先进性体现在多个方面，第一，基于 ARM（一种微型处理器）、DSP（一种数字信号处理器，由大规模或超大规模集成电路芯片组成的用来完成某种信号处理任务的处理器）和 FPGA（现场可编程门阵列）的一体化机器人运动控制器。在此结构中，ARM 为主控制器，负责主控和协调任务；DSP 为从控制器，专门用于处理复杂插补计算；FPGA 负责光纤通信。能从高效、稳定、可靠三方面保证运动控制的性能。第二，采用了高速实时工业以太网总线技术。采用公司独创的 HLINK（鸿栢科技自主研发的基于光纤的实时串行通信总线）技术。具有自同步、高速、安全、可靠的一系列特点。第三，通过采用加速度连续光滑的高阶样条插补技术，可最大限度地消除加速度变化给机器人手臂运动带来的影响，实现焊接机器人的高速高精度定位和轨迹跟踪。第四，通过采用低频和高频机械谐振抑制技术，能保证在高速定位和轨迹跟踪作业时具有较高的定位精度和轨迹精度。第五，通过实施焊钳在接触点的形变补偿技术，可提高焊接精度和质量。第六，机器人螺柱焊接质量自动跟踪和控制技术。通过对焊接电流、弧压和焊接时间的有效控制，使每次输出的焊接能量保持恒定，从而保证每次焊接质量的稳定性。而且，在控制系统中集成组网和分布式应用端口，并配备相应的智能软件，能适应未来工业 4.0 智慧工厂的需求。

韩玉琦介绍，通过这个项目的实施，在关键技术研究方面取得了重要进展，其中包括运动控制高阶样条轨迹规划和插补技术、伺服电机 PID 参数自动调节技术、伺服电机振动抑制技术、焊接作业系统力矩闭环和变形量动态补偿技术、机器人焊缝跟踪技术以及机器人静力矩、惯性力矩前馈补偿技术等，形成了一系列高性能用于点焊、弧焊和螺柱焊的焊接机器人系统产品及其生产技术。

汽车焊接领域又是工业机器人运用最集中的地方，由于汽车焊装厂金属粉尘污染严重，各种大功率、高频率焊接设备干扰严重，而且，汽车车身制造对点焊、弧焊和螺柱焊机器人的要求不仅是可以抗污染、抗干扰，还对机器人的控制精度和重复精度要求严格。汽车焊装厂使用的机器人，除了弧焊机器人承重较小以外，其他机器人的承重都比较大，其中点焊机器人一般都在 165 千克以上，其中又以 165 千克和 210 千克为主，这个级别的机器人市场目前几乎全部被国外品牌所占有，我国目前开发的机器人大部分还是承重很小的机器人。由于受到控制技术、伺服电机技术、减速机技术和焊接工艺技术等因素的制约，国产 165 千克以上的焊接机器人目前正在研发的厂家少，在市场上销售的就更少。

韩玉琦指出："本项目研究的机器人正是这种具有抗污染、抗干扰、控制精度和重复精度高，承重为 165 千克、50 千克和 20 千克，国内研发的厂家少，目前几乎全部是被国外品牌垄断的焊接机器人。其目标就是通过我们几年的努力，突破控制系统、伺服电机系统、减速机系统和焊接工艺系统等技术难题，研发出合格的焊接机器人以替代国外品牌，为我国的工业机器人发展做出我们的贡献。"

2019 年 4 月，鸿栢科技历经 5 年开发的全自主知识产权机器人控制系统——智哥多功能六轴机器人——亮相第五届深圳国际机器人与智能系统博览会。该系统采用 TI 的多核异构平台，采用驱控一体化设计，机器人任务处理、运动规划及动力学、伺服驱动控制任务，均在主处理板处理，各个部分采用共享内存及高速并行总线连接，高速高耦合，处理性能卓越。DSP 计算内核采用双精度浮点进行规划、插补及动力学计算，计算

精度高，插补精度可达 1nm，插补周期为 1ms，并实时同步发送给 FPGA
进行伺服控制处理，运动点位更密集，利于系统实现高精度。伺服系统采
用 FPGA 作为控制核心，实现 8 轴集中控制，伺服控制与运动控制器高度
耦合，并采用了静力矩补偿、惯量补偿、动力学补偿等先进技术，提高伺
服控制的精度。伺服功率放大器采用通用接口，不设处理单元。

　　机器人任务系统采用了鸿栢科技自行研发的 HBL-1 机器人编程语言，
配有上位机 PC 端控制软件，拥有离线编程能力，可以搭配各型视觉处理
单元，组合成视觉处理系统。机器人任务系统，还拥有弧焊软件包，可以
通过光纤及其他物理接口，搭配主流品牌弧焊机，组成弧焊系统。其中，
可以通过光纤连接鸿栢科技的专用弧焊机，两种设备功能互相配合，系统
集成度高，软件功能完善。弧焊软件包除通用功能外，还具备 2 轴变位机
控制功能、焊缝激光跟踪器功能。焊缝跟踪是通过红外激光器，对焊缝进
行实时校正，能够弥补焊接时的焊缝意外变形及工件之间的差异。

　　令韩玉琦感到自豪的是，智哥机器人拥有完整的自主知识产权的软硬
件控制系统，具有视觉、离线编程、焊缝跟踪器、专用弧焊机等特有功能，
相互之间能进行最优配合，在未来的竞争中将处于有利地位。

智能机器人迎来黄金发展期

　　现阶段我国智能制造行业才刚刚兴起，未来 10 年，将是工业 4.0 蓬
勃发展的 10 年。加上新能源汽车的兴起，未来几年智能化汽车生产车间
的建设需求较大。由于鸿栢科技在轿车车身焊接领域知名度高，有较好的
客户基础，根据机器人项目计划和整体技术特点，鸿栢科技拟以汽车制造

业为主，将焊接机器人项目成果首先在公司现有的重点客户进行推广试用，达到规模化效应后，再逐步向整个汽车、船舶和五金制造等行业稳步推进。

工业焊接机器人的发展历史已有 60 多年，概括起来可以归纳为 3 个阶段：第一阶段"示教—再现"型机器人；第二阶段基于一定传感信息的离线编程焊接机器人；第三阶段具有自适应性的智能化焊接机器人。国际工业机器人正朝着智能化方向发展，而智能工业机器人将成为未来的技术制高点和经济增长点。智能机器人具备形形色色的内部信息传感器和外部信息传感器，如视觉、听觉、触觉、嗅觉。除具有感受器外，它还有效应器，作为作用于周围环境的手段。这就是筋肉，或称自整步电动机，它们使手、脚、鼻子、触角等动起来。由此也可知，智能机器人至少要具备三个要素：感觉要素、反应要素和思考要素。

智能工业机器人是指用于工业如焊接、搬运、装卸等的智能机器人。例如在焊接领域，智能工业机器人将配备视觉传感器用于焊缝识别和自动焊缝跟踪；还应配备环境传感器用于感知焊接工艺参数，并根据感知的参数自动调节控制量；配备远程故障诊断、技术支持等功能。

为了在智能焊接机器人研发上夺得先机，鸿栢科技从 2014 年开始，加大研发投入，研究焊接机器人的关键技术，并开发出针对弧焊作业的智哥系列机器人控制系统，并取得应用。目前，公司拥有的弧焊机器人控制技术包括运动控制高阶样条轨迹规划和插补技术、伺服电机 PID 参数自动调节技术、伺服电机振动抑制技术、焊接作业系统力矩闭环和变形量动态补偿技术、机器人焊缝跟踪技术，以及机器人静力矩、惯性力矩前馈补偿技术等，已进入行业的先进水平。

"先进的 3D 视觉技术运用到焊接机器人身上，就好像给机器人戴上一副灵敏的眼镜，只要把工件放在工作台上，机器人可以自动寻缝、自动编程、自动焊接，大大提高焊接机器人作业系统的精度和效率。"韩玉琦介绍，鸿栢科技焊接工业机器人采用基于结构光视觉焊缝识别和激光传感器焊缝跟踪技术，将视觉和其他信息感知加入焊接机器人系统，形成一种智能焊接机器人系统，可自动定位工件的焊缝形式和位置，焊缝轨迹的自动纠偏，内置4G/5G移动通信终端和标准以太网接口，方便实现多机器人协调控制，方便远程监控、故障诊断、作业系统关键数据的第三方创新应用，改善数据通信，优化工艺和技术服务水平。相关技术鸿栢科技已发表两篇论文，拥有14项软件著作权并申请了4项发明专利。

有一位拉丁诗人用"渴望新事物"来形容人类。企业家群体则是更为"渴望新事物"的一群人，并且为了他们认为值得努力的目标而孜孜以求。作为创业10多年的老将，韩玉琦表示："鸿栢科技未来产品主要定位在智能弧焊机器人系统、大功率165千克以上的智能点焊机器人、基于视觉的智能搬运和装卸机器人，力争通过3至5年的努力，建成智能焊接机器人系统研发、应用和销售的龙头企业。"

03

中科德睿：
发力工业机器人
与自动化集成

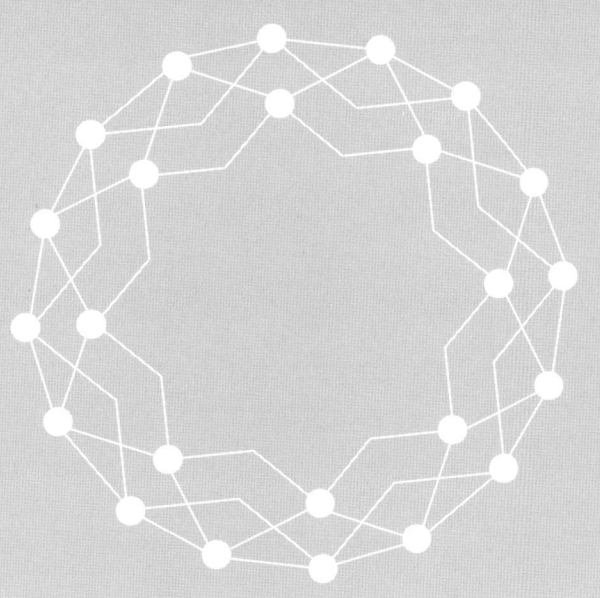

粤港澳大湾区
战略性新兴
产 业 研 究

企业档案

中科德睿

　　深圳市中科德睿智能科技有限公司（下文简称"中科德睿"）2012年由中国科学院机器人与智能装备中心（IREC）、深圳市政府、韩国汉阳大学联合筹建。2015年成立投产，注册资金5000万元人民币。专注于机器人研发、生产、销售与自动化集成应用为一体的高新技术企业；致力于为制造行业、系统集成商、科研机构等用户提供新型稳定的机器人产品、服务与整体解决方案，构建智能化生产体系、智能仓储生产体系，提升客户实现智能、高效的生产能力，实现企业价值与客户价值共同成长。

　　自2015年成立以来，中科德睿秉承"专注、创新、拼搏、开放"的企业精神，坚持创新发展，开发生产了高速并联机器人、六轴协作机器人、六自由度动感平台、AGV小车与AGVS系统，形成了机器人+自动化系统集成与智能仓储个性化智能解决方案的产品体系。产品应用覆盖生产制造、精细化工、食品行业、3C行业、生物制药、新能源、物流仓储等领域，为不同行业提供专业的自动化解决方案，促进机器人行业、智能科技与生产制造行业相融合。

【创业历程】
王卫军：海归博士逐浪工业机器人潮头

2019年1月6日，"第十二届中国产学研合作创新大会"在北京召开，深圳市中科德睿智能科技有限公司与中国科学院深圳先进技术研究院、广州中国科学院先进技术研究所、深圳华数机器人有限公司联合申报的"串并联高柔性智能工业机器人研发及应用"项目获得2018年中国产学研合作创新成果二等奖。

中科德睿总经理王卫军是典型的学院派创业者，拥有韩国汉阳大学的博士学位，担任广州先进所（广州中国科学院先进技术研究所的简称）机器人与智能装备中心执行主任，他对产业的发展前景看得比较长远。海归博士逐浪工业机器人潮头，将有怎样不凡的人生经历呢？

公派留学韩国投身名师麾下

王卫军从西安建筑科技大学本科毕业后，来到武汉钢铁集团工作。"这是一家大型国有企业，我在这里做设备管理工程师，每天按部就班工作，越来越无趣，于是在 2003 年考上中国地质大学机电一体化专业研究生，读研阶段是人生转变最大的一个阶段。"王卫军说，"当时刚结婚，很快有了小孩，既要养孩子，还要还房贷，经济压力非常大，我的导师介绍我去企业做一些兼职工作，我学习了企业的经营管理、项目实施、市场开拓一些基本的东西，在企业的工作经历为我日后创业埋下了珍贵的种子。"

王卫军硕士毕业获得政府互换奖学金公派留学韩国的机会，在出国准备的一年时间里，为了养家，在武汉科技大学工作一年。

在公派留学生的欢迎仪式上，驻韩大使馆教育处的老师说："在座的各位都是国家的优秀人才，国家把你们派到韩国来留学，就是要你们学习韩

图 3.1　王卫军在韩国汉阳大学求学

国先进的技术和理念，同时要通过你们把我们国家的文化和思想传达给韩国的民众，你们就是中韩两国的'民间大使'。"原来公派留学生到国外留学不仅仅要学习国外的技术，而且要学习这个国家的文化，更重要的是要用自己的实际行动来影响自己周边的外国人，促进两国的友谊。这给了王卫军新的启发。

根据政府互换奖学金项目的要求，他被安排在韩国庆熙大学语学院，要经过一年的语言学习，要拿到韩语4级证书。在学习语言期间，王卫军需要自己在韩国的各大高校寻找博士研究生的导师。他在网上寻找到自己喜欢的专业导师，发出了5封邮件，收到的第一封回信是来自汉阳大学的韩彰秀教授。韩彰秀从事机器人研究30多年，是韩国工程院院士，创办并担任汉阳大学机器人学院首任院长。他邀请王卫军去参观汉阳大学机器人实验室。

在实验室里，王卫军看到了外骨骼可穿戴机器人、监测地铁司机疲劳驾驶的智能系统、自主导航移动机器人、移动双臂服务机器人、高精密机器人平台等最新样机，他决定投身在韩彰秀教授门下攻读博士学位。

"在韩国学习语言期间，我们公派的学生有很多机会深入到韩国的企业、农村、政府部门体验学习和交流。我曾在2007年底参观了一家坐落在稻田边的韩国小型工厂，在外面看起来很不起眼，可以说跟我们国内的小作坊差不多，但是进入里面之后，却让我感到很震惊，全是自动化加工设备，生产线十分发达，我在国内很少看到这么先进的自动化生产线，整个小工厂不超过10个人，生产的零件基本上都是出口。由此可见中国的自动化生产水平与韩国相比有很大的差距，在我看来至少还有10年的差距。我在韩国考察发现，韩国由于人口少，劳动力成本很高，导致了工业自动化程度非常高，韩国较早完成了工业化布局。我回国之后才理解为啥韩国是世界上工业机器人密度排名第一的国家。"王卫军说，"相比人类而言，工业机器人有显著的优点，一是生产效率高，只要事先设定好程序，可以保质保量地完成各种高难度和高精度的任务；二是可以替代人类在高温、低温、有毒等恶劣环境下工作；三是能够全天候、不眠不休地工作，只要定期进行维修和保养即可，所以我觉得我国也应该大力发展工业机器人。"

"2008 年之前，韩国人对于中国的认知还停留在我们国家 20 世纪 80 年代，认为中国很落后，因此对中国人的态度并不怎么友好，2008 年北京奥运会的举办，让韩国民众对中国的经济发展有了更直观、更深入的了

图 3.2　韩彰秀教授

解，韩彰秀教授表达了想到中国去看看的想法。"王卫军心想：如果能把韩彰秀教授带回祖国组建科研团队，那么就有可能为促进我国的机器人水平提升发挥积极作用。

于是，王卫军把韩彰秀教授和同门的师兄弟带到国内参加了两次学术交流活动，韩国师生对中国的经济社会发展成就十分赞叹。

韩彰秀教授去美国交流很频繁，所以很多理念很超前。因此，他对学生的要求就很严格，毕业条件也就很苛刻，往往是达到学校的要求了，也不会让学生毕业。在这样一种氛围下，研究室每个学生的压力都很大，每周至少要给导师汇报一次研究进展。王卫军说："我至今不能忘记他对我说过的话：'如果我让你轻松地毕业，那是对你不负责任，因为你达不到博

图 3.3　韩彰秀教授指导研究团队

士的水平。'正是在这句话的激励下，多少个日日夜夜我都是在实验室中度过。"也正是在他的严谨治学的理念影响下，实验室的成果和影响力逐渐得到提升，韩教授在工业自动化应用和可穿戴机器人领域发表论文共计563篇，获得发明专利223项，先后承担韩国科技项目、研究院项目、大型企业项目241项，2010年被韩国政府授予"国务总理奖"，韩彰秀教授也成了韩国工程院的院士。

2011年，成立不久的广州先进所在全球范围寻找机器人与智能装备的优秀团队，邀请了韩彰秀教授团队到深圳先进院（中国科学院深圳先进技术研究院的简称）和广州先进所参观考察。王卫军回忆道："2012年春节，我和韩彰秀教授坐在飞机上返回韩国的时候，交流此行参观的体会，他问我：'你想不想到广州先进所去工作？'我当时就点头了，韩教授也微笑着说他也想到中国来组建机器人研究团队。能把韩彰秀这样的顶级人才吸引到祖国，这是多么令人激动的事情啊！我决心追随韩教授的脚步，陪同他到中国开展工业机器人的科研和产业化工作。这种人才团队引进模式，将韩国的优秀人才推荐给国内的研究机构，正符合国家的人才引进思路。在我看来，留学的目的不仅要学习别人的先进技术，也要把国外先进的理念，甚至是国外的人才带回国内，同时与国外的研究团队建立紧密的联系，让他们共同为我们国家的发展出一份力，这才是留学的最高境界。"

韩国导师来华携手创业之旅

2012年8月，王卫军陪同韩彰秀教授到广州南沙签约，9月1日，广州先进所机器人与工业自动化实验室成立，随着实验室人员和项目的不断壮大，2015 年 12 月，机器人与智能装备中心宣布成立。

王卫军介绍，韩彰秀教授 2012 年成为韩国未来技术发展咨询委员会机器人分部的委员长，为韩国未来工业机器人的发展制订政策。2013 年，他成为中组部"国家千人计划"入选者。"韩教授派我和另外一名韩国博士在广州先进所工作，回国两年时间，我们团队做出高速分拣并联机器人、虚拟工作平台以及并联型 3D 打印机这三个产品，2013 年获得第八届春晖杯中国留学生创业优胜奖。2014 年秋天我们参加了中国（深圳）创新创业大赛，获得第六届中国（深圳）创新创业大赛'团队组'三等奖，第六届中国（深圳）创新创业大赛'先进制造业行业十佳'称号。获得 2014 智能装备创新创业大赛杰出'项目奖'。"

2015 年，韩彰秀教授团队获批了"广东省创新团队"和深圳市"孔雀团队"。在各级政府的大力扶持下，2015 年 12 月，深圳市中科德睿智能科技有限公司注册成立。

韩彰秀教授的机器人实验室，已经研制出很先进的服务机器人样机，那么，中科德睿为何会选择工业机器人产业作为创业方向呢？王卫军透露，韩教授认为中国现阶段需要发展工业自动化，但缺乏很好的工业机器人产品，服务机器人的市场目前还不够成熟，因此就选择了工业机器人作为产业化方向。尤其在珠江三角洲地区，人工成本增长很快，工业自动化程度必然要提升，这就给工业机器人提供了巨大的市场机会。

王卫军介绍道，如今做机械设备生产线的人和公司很多，但是能做到极致的却很少。怀着自主创新的情怀，王卫军和他的韩国导师韩彰秀在深圳这方热土开启了创业之旅。

我国的机械自动化和智能机器人技术已取得很大的进步，但自动化生产线中的关键设备做得还不够精细，高端芯片等核心零部件还要依赖进口。想要做到极致，原材料设备、核心零部件和编程算法缺一不可，韩彰秀和学生带着自己研究多年的学术成果在深圳创立公司，正是要将自己原创的编程算法和技术融入产品中，打造最精细的智能机械设备生产线，做中国一流的机器人企业，在机械自动化领域走出一条自主创新之路。在公司成立的半年时间里，王卫军走访了几十家企业，与 2 家企业签订了设备研发合同，与 4 家企业初步达成合作意向。

图 3.4　韩彰秀教授获奖

2016 年底，中科德睿研制出第一代高速并联机器人，在高速移动连续运行的状态下，每一台机器人可以达到生产线上 3 个工人的劳动量。"这种并联机器人的用途很广泛，可以用于制药、食品的生产环节。我们为一家月饼生产厂设计了一条并联分拣机器人生产线，月饼入托后，装进塑料包装盒，再分装到大盒子里，投资一条分拣机器人生产线，不到两年时间可以收回成本，在人工成本越来越昂贵的珠江三角洲地区，如此高效的工业机器人颇受市场欢迎。"王卫军自豪地说。

人才培养大计用心做强产业

王卫军还有一个头衔就是"工业机器人职业岗位工程师培养项目管理办公室专家委员会主任"，他为何会出任这个职务呢？

原来，王卫军知道，随着时代的发展，工业机器人必然会代替大部分流水线上的工人，那么，工人应该从事何种职业才有前途呢？在开拓市场的时候，他发现工业机器人使用单位十分缺乏高素质的应用人才。有数据显示，目前国内工业机器人应用人才缺口将近 10 万，而根据工信部发展规划，到 2020 年，全国工业机器人装机量将达到 100 万台，相应工业机器人操作维护、系统安装调试、系统集成等工业机器人应用人才需求量将达到 20 万左右。由于目前国内高职院校在工业机器人应用方面的对口专业刚刚兴起，从事工业机器人现场编程、机器人自动线维护、工业机器人安装调试等工作的人员主要来自对电气自动化技术、机电一体化等专业毕业生进行二次培训后的人员，而且短期培训难以达到岗位要求，因此机器人应用人才结构性矛盾和人才荒问题异常突出。

在他看来，人工智能虽然发展迅猛，但机器人真正取代人还比较遥远，人机协同才是目前最重要的发展方向，所以研发和应用工业机器人的工程师成了这个行业紧缺的人才。2017 年 6 月 28 日，全国工业机器人职业岗位工程师培养项目在北京启动，工业机器人工程师首次有了培养和评价标准，这或许能对缓解国内机器人应用人才结构性矛盾和人才荒问题起到关键作用。此后，王卫军担任工业机器人职业岗位工程师培养项目管理办公室专家委员会主任，参与起草工业机器人工程师培训教材、考试标准等工作。

王卫军非常热心参与工业大机器人应用人才培养工作，他相信随着中国经济的高速发展，工业自动化水平会越来越高，对机器人应用人才需求

图 3.5   工业机器人岗位工程师培养聘书

也会越来越大。

　　2019年6月的一天，在采访快结束时，王卫军一边收拾行李一边说："我平均每周都要出差，要频繁去拜访外地的客户，做详细的技术交流。中科德睿成立3年多，已经引进2名外籍教授，5名海外留学归国博士，在智能制造行业拥有自主研发的雄厚实力，目前已经推出了高速并联分拣机器人、VR六自由度动感平台等智能机器人、立体库等智能设备产品。"

　　如今，中科德睿在深圳市龙华区大浪街道建设有2000平方米的生产车间，作为中科德睿董事长的韩彰秀教授时常从韩国来到这里指导研发工作。他曾多次对王卫军说，希望退休后可以彻底留在深圳，为深圳的机械自动化技术研发做更多研究，为改革开放做出更大贡献。

图 3.6　中科德睿生产车间

【专家眺望】
协作机器人是未来发展方向

　　"未来，工业机器人会越来越多，人与机器协作的场景也会越来越多，机器人的制造成本也会越来越低。总体来看，机器人产业未来发展潜力巨大，同时也给其他产业的格局以及我们的工作和生活带来重大而深远的影响。未来，工业机器人与人类优势互补，在短时期内，机器人要在通用智能上替代人类还是不太现实，因此人类要用开放的心态面对机器人进入我们的生活，大多数低水平重复性工作会有机器人替代人类完成。"深圳市中科德睿智能科技有限公司总经理王卫军博士说。

并联机器人有望迎来爆发式发展

中科德睿推出的第一个产品就是高速分拣并联机器人。王卫军博士介绍，并联机器人具有刚度高、速度快、柔性强、重量轻、成本低等优点，可广泛应用于运动模拟器、并联机床、微操作机器人、力传感器及军事等领域，是世界科研强国竞争的焦点之一。虽然并联机器人经过了几十年的研究，在理论上比较成熟，但是很大程度上只是停留在大学的实验室里，真正投入到生产实践中的并联机器人非常稀少。中科德睿研制的 Delta（英文意思"三角洲"。高速并联机器人的结构像一只倒挂的有 3 只脚的蜘蛛，因此称这类机器人为 Delta 型高速并联机器人或蜘蛛手高速并联机器人）型高速并联机器人主要应用在食品、医药、电子等产品生产过程中的分拣和检测工序。

随着我国市场经济高速发展以及人民生活水平的不断提高，我国对食品、药品的需求量快速增长，这将直接带动相关包装行业的发展。2015 年，中国包装工业的总产值达到 1.5 万亿元人民币，并保持年均 7% 的增长速度。我国是食品饮料医药生产大国，食品制造业已成为我国国民经济的重要支柱产业。其物流设备产值约为 650 亿元人民币／年，且在不断增长。这些行业后道工序一般都包括成型产品自动化装箱、分拣、封箱、码垛和储运等工序，目前大多采用手工或半手工操作，生产效率低，劳动强度大，存在二次污染隐患。随着国家和消费者对于食品安全问题越来越重视，后道包装工序由机器人来完成已成为必然趋势。

作为工业机器人的一个分支，相较于六轴机器人而言，并联机器人市场总体规模并不大。根据相关数据显示，2017 年并联机器人整个国内市场销量在 2700 台左右，甚至不如一家机器人上市企业六轴机器人全年出货量。因此，有些企业尽管开发了并联机器人相关产品，但也并未重视这块业务，有些则干脆退出了市场，而市场上专注并联机器人的企业就更少了。

2018 年 10 月，东莞市李群自动化技术有限公司宣布完成近亿元人民

图 3.7　2016 年 4 月 8 日至 10 日，第四届中国电子信息博览会在深圳会展中心举办，中科德睿在 4 号馆展示最新产品

币 C 轮融资，而勃肯特机器人技术有限公司在继 7 月份智慧工厂投产后近期又与弘信创业工场签约，计划 2019 年在弘信集团厦门翔安智能制造基地建立规模 20000 平方米以上的新工厂。近期的并联机器人企业的一系列动作似乎在印证着行业正在走向爆发期，现实情况仿佛也是如此。

根据相关数据显示，2014 年国内并联机器人市场销售约 600 台，2015 年销售约 900 台，2016 年销售约 1600 台，2017 年销售约 2700 台，每年呈 50% 以上的增速发展。要是按照这样的趋势发展下去，未来市场容量有望实现跨越式的提升。[1]

业内专家指出，尽管并联机器人市场每年在以超过 50% 的增速快速发展，但目前的市场仍旧不大，增速快的另一方面也可以看作是基数太小，在整个工业机器人市场呈上升趋势的大环境下，并联机器人的销量逐年增加也属正常范围之内。而国产并联机器人若想迎来真正的跨越式发展，还有较长的一段路要走，主要的突破路径应该是将重心放在如何让应用企业理解并联机器人的应用优势，如何去开拓更多的应用领域，将细分产业蛋糕做大才能让并联机器人厂家更多地受益。

柔性协作机器人是未来发展方向

柔性协作机器人指的是设计和人类在共同工作空间中有近距离互动的机器人，柔性协作机器人跟传统工业机器人相比，可以说完全是另外一个类别，它们具有哪些特点呢？第一，人机安全，人机协作机器人的主要设

1　《并联机器人市场现状浅析：市场小，玩家少》，来源：电子发烧友网，2018 年 10 月 25 日，链接地址：http://www.elecfans.com/jiqiren/803150.html

计要求是一定要人机安全，与人配合进行各种安全的工作；第二，示教学习功能，可以让它非常灵活地进行各种各样的编程；第三，视觉识别智能系统；第四，具有力反馈控制，在与人发生碰撞的同时它要迅速地停止；第五，柔性化，它可以适应各种柔性化的生产方式；第六，模块化的设计。

这六大特点决定了协作机器人未来会代替人工的工作。然而，目前工业双臂机器人大多还停留在概念阶段，投入工厂生产线实际使用的还非常少，因为它还有很多缺陷，需要进一步研究解决，主要有三大内容：快速的视觉识别与定位，还有复杂机械结构的设计，以及基于力矩测量的复杂路径规划。未来的研发主要解决主动式触摸传感器的相关问题，视觉检测及位置标定技术的开发问题，嵌入式机器人运动控制器的研发等问题的研究。

图 3.8　王卫军荣获 2017 年度深圳机器人新锐人物奖

　　王卫军博士介绍，未来的双臂协作机器人还需要突破四大关键技术：一是可操作性，它的双臂一定要具有非常灵活的可操作性，具有处理各种事物的能力和技术；二是移动性，我们未来的双臂机器人不可能是完全固定在某一个点去完全代替人，而是具有一定的移动性，可以从这个工位移动到那个工位；三是人机协同，我们现在提倡使用机器人不是说完全在生产线中取代，而是要把人从繁重的劳动或者是一些比较复杂的劳动中解放出来，人在里面处理的就是一些机器人没有办法去完成的工作，人和机器还是要进行协同工作；四是具有自主学习能力的人工智能技术。

　　目前，中科德睿已经在研发双臂柔性协作机器人，包括紧凑型构型及多功能智能机械手爪设计、实时避障问题分析、无碰撞路径规划研究、双臂操作工件时的协调控制研究、快速机器视觉识别与高精密定位研究等。

　　在传统工业机器人的核心技术和集成应用研究的基础上，中科德睿团队将根据国内外工业机器人技术的发

图3.9　王卫军担任深圳职业技能大赛裁判长

展趋势，结合粤港澳大湾区及我国的工业机器人发展的现状，有秩序有重点地推进高性能、柔性化工业机器人的产业化。

法国市场研究与战略咨询公司 Yole Développement 数据显示，2015年到 2021 年，机器人市场规模将从 270 亿美元增长到 460 亿美元，年均复合增长率 9.4%。而在所有类型的机器人中，应用于国防、工业、消费领域的机器人种类最多，相应领域营收占比也最高。在工业机器人领域，虽然国内企业在焊接、喷涂、并联机器人等细分领域目前还是落后于国外老品牌，但最近几年整体上也有了较快的发展和提升，国产工业机器人主要集中使用到非汽车行业的新兴领域，尤其在柔性协作机器人这个新兴领域，国内企业会有更多的机会。

业内人士认为，柔性机器人一方面源自传统机器人灵活性的进一步提升，另一方面源自机器视觉技术在机器感知、处理层面的突破。我国机器人总体技术与国外先进水平相比差距较大（有分析认为差距在 10 年以上），加上研发成本高、市场竞争激烈，国内厂商盈利能力较低，核心部件进口依赖大。但随着摄像头、传感器等机器感知部件，以及算法的发展，加上政策和市场环境的推动，结合机器视觉的柔性机器人，将是改变国内企业毛利率过低、无产品定价权现状的机遇。[1]

1　《柔性机器人深度报告：横扫医疗和工业的中国逆袭机会》，来源：智东西微信报，链接地址：https://www.tuicool.com/articles/Q7NJ7bI

中韩携手研发远程控制挖掘机

　　如果发生了强烈地震，在余震不断的情况下，需要用挖掘机在现场及时救援废墟中的受伤群众，在这个危急关头，如果能够远程控制挖掘机，就可以避免司机在灾区受到余震导致的人身伤害。这样的自动化控制技术是一项多么迫切需要解决的课题。

　　如今，中韩两国联合资助一项科学研究，有望实现这个技术的突破。

图 3.10　中科德睿团建活动

　　由中科德睿牵头，联合广州先进所、韩国 Rohau 公司以及韩国汉阳大学三家单位形成"强强联合、优势互补、集成创新"的技术创新模式，以解决关键技术问题。中韩两国政府资助该项目的研发，开发基于虚拟交互的挖掘机远程操控模拟系统，针对挖掘机高危作业环境，通过远程操控保障作业者的人身安全，为了提高远程操控时的作业效率，通过虚拟现实营造与真实场景相一致的作业环境。该项目开发完成后将在一定程度上扩大挖掘机适用的范围以及降低挖掘机操作的门槛，从而促进挖掘机的市场增长，从长远来看将提高整个国家的基建能力。

　　王卫军博士介绍，开发内容主要由两部分组成，一部分是面向挖掘机的远程控制技术开发，另一部分是面向远程控制的虚拟交互技术开发。这里面需要解决几个关键的科学问题：如何设计动感平台用于挖掘机驾驶模拟以增加远程控制的临场感？如何设计通用的模块改造方案将传统作业方式的挖掘机改造为支持远程模式操控？如何通过虚拟现实技术将真实挖掘机驾驶位第一视角信息反馈至远程操控者？如何开发远程操控主手装置还原真车驾驶时的人机交互环境？他说："从挖掘机端到模拟平台端的信息传输涵盖了摄像机采集的图像信息、传感器采集的状态信息以及运动控制指令信息，如此庞杂的信息量采用传统的无线传输方式必然在实时性上难以满足要求，然而，5G 的上传下载速度可以达到 1Gb/s 以上，可以完全满足项目的需求。"

　　"中国具有全球最大的基建市场，因此对挖掘机类基建工具需求旺盛。中国是全球第一大挖掘机市场，但国内目前挖掘机控制技术低下，能提供适应于特殊环境下作业的挖掘机更是较少，韩国则有着较为发达的工业基础，在虚拟现实技术以及机器人控制层面有深厚的积累。因此，充分结合中韩两国大环境下的市场和技术优势，能够为该项目的顺利开展提供更多的资源借鉴。这个技术如果取得突破，将极大地提高挖掘机作业的安全性和效率。"王卫军强调道。

从并联机器人到柔性协作机器人，再到远程遥控智能设备，这一切仅仅是开始，或者说是机器人产业进程中的冰山一角，大量工业机器人进入人类社会的速度将会以加速度迈进，机器人产业具有无比巨大的发展潜力，与此同时，它也将潜移默化地影响其他产业的格局。过去机器人只是童话里的角色，如今各种各样的机器人进入了各行各业，为我们提供了多种多样的服务。毋庸置疑，未来世界中的工业机器人会越来越多，与人类的协作范围也会越来越广，人类可以从重复的、危险的、枯燥的工作中解放出来，也可以有更先进的工业机器人代替人类进行太空探索或者海底探索，这些都是可以期待的美好未来。

04 洲际通航：
专业无人机领域的新星

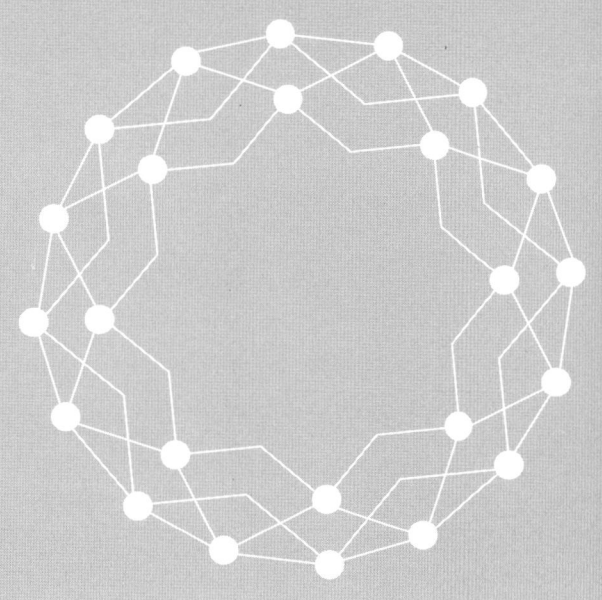

粤港澳大湾区战略性新兴产业研究

洲际通航

洲际通航，全称是深圳洲际通航投资控股有限公司，于2014年在深圳前海注册成立，是无人机应用领域的践行者。

洲际通航致力于打造专业的无人机行业解决方案和场景应用，以"承担社会责任，助力平安中国"为理念，实现了从无人机研发、生产、培训、服务支持到创客孵化全产业链布局。

洲际通航是国家高新技术企业，成立3年即获得深圳市政府股权投资，成为唯一的为武警部队列装智能装备的工业无人机厂家，并进入"2018粤港澳大湾区新经济企业TOP100"榜单，成为专业无人机领域冉冉升起的新星。

2018年底，洲际通航与应急管理部沈阳消防研究所合作开发基于系留无人机的应急通信项目，成为应急管理部23个重点攻关项目中唯一的无人机集成项目，奠定了洲际通航在应急通信领域的行业地位。

企业档案

【创业历程】
王中阁：一位"夕阳红"创业者

到南方的风中流浪，是我的向往。

养育我的北方，便成了思恋的地方。

我以南方的荔枝，思恋北方的高粱。

我以南方的热烈，思恋北方的苍凉。

学会了南方人说话，像鸟一样地歌唱，

便想听听父老乡亲马鞭甩出的粗犷。

每次王中阁在商会组织的活动中朗诵田地的诗歌《南方北方》的时候，都会引得共鸣共情。而这首诗歌也描写出了他本人从长春到深圳、从热血青年到"夕阳红"、从创业到守业的丰富历程。

53岁的他，是一位"夕阳红"创业者，也是一位无人机领域践行者。年过五旬，带领着由一批"80后""90后"组成的创业团队，在一个朝阳产业奋斗。3年时间，研发了高层灭火无人机、森林消防无人机、激光探测无人机，这是怎样的一种精彩呢?

"夕阳红"创业者和一群"80后"

王中阁说，洲际通航从2015年最早进入无人机领域，就得到了南京航空航天大学自动控制研究所所长、美国纽约科学院院士沈春林教授的大力支持，沈教授担任了洲际通航的首席科学家。沈春林教授是我国最早开展无人机研究工作的元老级人物，1981年以访问学者的身份前往美国新墨

图 4.1　王中阁与洲际通航研制的无人机合影

西哥大学电器与计算机工程专业学习。两年半的国外访学结束后，沈春林一边教学，一边开展低空突防中的地形跟随技术研究，有了这一技术，超低空飞行的飞行器可以躲开雷达的捕捉和攻击。在国家"八五"计划、"九五"计划的资助下，沈春林在该领域的研究长达 7 年之久，取得了极大的成功。

王中阁用诚心请来沈春林教授这位泰斗级人物挂帅，组建了一支从哈尔滨工业大学、北京航空航天大学、西北工业大学等高校毕业的人才组成的技术团队，比如，赵永亮，毕业于哈尔滨工业大学的硕士，拥有"新型十字扑翼飞行器"等 10 多项发明专利。

王中阁说："我是 20 世纪 60 年代初出生的，今年快 60 岁了，如果在北方，60 岁的时候绝大多数人都是牵着孙儿在散步，而我还在创业路上打拼，与这些二三十岁的年轻人在一起工作感受到无穷的活力。我和年轻人在一起没有代沟，坐在一起就聊研发啊，聊新项目啊，我们对无人机产业的未来充满信心。无人机最早出现于 20 世纪 20 年代，起初是用于军事，随着近一个世纪的发展，无人机技术有了质的飞跃，除了军事方面的应用，更多应用于民用，民用包括农林植保、影视航拍、电力监测、气象监控、消防和治安领域等，无人机在未来如何更广泛地应用，给了我们丰富的想象力。"

在洲际通航楼梯口醒目的位置，挂着一幅"春暖花开"的书法作品，"面朝大海，春暖花开"这是王中阁最喜欢的一句诗。他说："面朝大海、春暖花开，描述的不仅是一种超脱的心态，更是一种做人的胸怀，引申开来它也是'快乐'的别名！快乐是什么？不是你得到的多，而是你计较得少。所以我们在今后的日常生活和工作中，遇到的无论是亲人还是朋友，邻里还是同事，同乡还是异乡，就让我们多一些赞美，少一些诽谤，多一些沟通，少一些曲解，这样我们才能最终找到志同道合的事业伙伴。我们公司倡导的文化就是包容、理解与和谐，希望敞开胸怀吸引各路精英加盟我们的创业团队。"

天使投资人的信任

创业者永远要为企业的人、财、物操心，而资金就好比军队的粮草，一定要有充足的资金，主帅才能排兵布阵。拥有丰富人脉资源的王中阁面对融资这一关，并不那么为难。

图 4.2　公司团队季度团建学习活动剪影

熟悉王中阁的人都知道，他身上还担着几个与无人机创业方向并不相干的社会职务，包括东方之珠高尔夫俱乐部主席、深圳房产旅游行业协会会长、深圳市长春商会创会会长。平时，性格豪爽的他喜欢帮助各行各业的朋友，因此在他再度创业的时候，这些朋友也都纷纷对古道热肠的他伸出了援手，兰江集团董事长刘海洋就是其中一位。

伴随着全球无人机市场的火热，兰江集团看到了新的发展机遇，2016年12月27日，洲际通航与兰江集团签约，兰江集团作为洲际通航投资机构领投企业正式投资入股，这次为洲际通航投资数百万元人民币，为企业投入研发注入了血液。

在签约仪式上，兰江集团董事长刘海洋讲道："投资不仅是投资事业，更是投资人品，一项正能量的事业在一个好的团队带动下会给社会提供最好的服务。"

无独有偶。2017年第一季度，北京九鼎投资总经理程雪峰了解到洲际通航深耕工业无人机项目后，以个人名义投资了洲际通航。

这两个实力强大的天使投资人给了王中阁莫大的信心，他说："无人机行业不仅是为社会各个领域提供服务的朝阳行业，更是我倾情专注的一项事业，也圆了我一个童年的梦想，我童年时候最喜欢的一首歌就是《我爱祖国的蓝天》。"

博得高层消防无人机"头啖汤"

无人机主要有固定翼无人机、多旋翼无人机、无人驾驶直升机和无人驾驶飞艇等种类，而小型固定翼无人驾驶飞机具有轻便、续航时间长、易于操控、起飞准备时间短、使用成本低等特点，近年来在国土、能源、农林、渔业、石油化工、交通、边防武警等行业和部门中得到广泛应用。

洲际通航既然要在工业无人机领域发力，选择首先进军哪个细分领域成为考验企业掌舵人智慧的一大难题。

王中阁认识一些消防领域的专家，这些专家告诉他，从事消防工作是一份积德的事业，因为救民于水火，如果无人机能在消防领域有所突破，给消防指挥人员提供决策关键信息，比如，在化学物品爆炸的现场，派无

图4.3　洲际通航研制的灭火弹投掷无人机

人机先到事故现场的上空侦察气体含量，再判断使用干粉灭火还是用水灭火，无人机将发挥无比重要的作用。

这个建议给了王中阁巨大的启发，他把消防领域作为企业研发的主攻方向，经过产业调查分析，了解到高层灭火是世界级难题，而森林防火中无人机也大有可为。洲际通航决定打造空地一体化消防信息智慧平台，并且率先立项研发高层消防无人机。因为目前世界上最高消防车仅 101 米，而中大型城市高度超过 150 米的楼宇比比皆是，高层建筑灭火救援中传统消防工具和手段面临"够不着、进不去、展不开、打不准"等问题，高层消防灭火一直以来都是一个世界性难题。因此，高层消防无人机需求十分迫切。

令王中阁感到无比自豪的是，2018 年 6 月，洲际通航研制出国内第一台高层消防无人机，顺利通过公安消防产品的检测认证，2019 年将正式进

图 4.4　洲际通航首创的国际领先产品——高层消防多功能特种无人机

入市场。

截至 2019 年 4 月底，针对高层楼宇的灭火，洲际通航研制出干粉灭火、高层细水雾和投送灭火救援 3 个系列的无人机产品。其中，干粉灭火无人机采用 X4-8 设计，优化气动布局，在缩小无人机体积的同时满足载荷量和续航时间的需求，该机采用全航空铝承载式一体机身，有效减少气流共振和桨频率共振造成的动能损耗。独创的挂载系统和减震系统，保证了无人机在喷射干粉时消除后坐力的影响，保证了喷射的精准性。整机表面采用隔热化处理，保证了在火场高温情况下无人机的安全性。有效挂载40 千克，单架次灭火 100 立方米，30 秒爬升 300 米，3 分钟时间可完成一架次灭火任务。

有"以柔克刚"显著特点的高层细水雾无人机，可以有效防止二次复燃。现在高层火灾主要发生在民宅和写字楼，其内部设施多由沙发、棉被、窗帘等物品组成，这些物品易燃且难以扑灭，干粉灭火剂能阻断其氧气，扑灭其表面火焰，但对于物品内部的高温和暗火却无法及时降低和扑灭。在这种情况下，洲际通航研发出高层细水雾无人机，它是通过独立的喷射管颈喷射出高压细水雾、冷气溶胶、消防泡沫、阻燃药液等一系列流动性水溶剂灭火物质，在干粉灭火后可以迅速降低火场温度，并覆盖渗透进可燃复燃物内部，防止二次复燃，同时降低火场内的粉尘，为消防员施救提供便利。

投送灭火救援无人机有"火场金刚"之美称，整机配置有 4 发多功能救援弹，每发弹内可内置两个防毒面具、防火毯、逃生绳、氧气袋等，在火场环境复杂、逃生通道不明确的情况下，可以让受困人员免受烈火浓烟的侵害，救援弹也能内置灭火干粉发射灭火，防止受困人员因火势蔓延而遭到伤害。救援弹采取快挂装置，装备时间小于 30 秒，射程 40 米。该无人机配置具备实时传输功能的热成像系统、高达 4000 流明的强光探照灯以及大功率喊话设备，可以轻易搜寻到受困人员，并由地面专业消防人员指导受困人员采用适当的自救措施，同时也可以起到安慰受困人员的情绪的作用。

"高层消防无人机机动性强，可灵活穿梭于火场，找出高温火点，监控火情蔓延方向，勘测火场附近危险物，寻找生还者，为消防救援提供决策关键信息。"王中阁细数高层消防无人机的优点，语气里透出自豪，"消

图 4.5　2019 年 5 月，洲际通航携独创高层消防无人机作为唯一受邀无人机企业参加宁夏消防演习

防无人机可在火场高温、烟雾、有毒气体等多种复杂环境下工作，可以负载水弹、泡沫灭火包等，而且具有智能感应抛投系统，在投掷救援物资时准确有效，人机分离，安全性高，可代替一线消防人员监测火情，最大限度保障消防人员生命安全。"

注重技术创新，引来政府股权投资

据了解，无人机行业主要相关技术分别是发动机技术、机体结构设计技术、机体材料技术、飞行控制技术、无线通信遥控技术和无线图像回传技术等。而王中阁认为，抓住众多技术中的"牛鼻子"进行重点技术攻关，才能有望实现弯道超车，后来居上。

他介绍，无人机的续航时间和载荷是无人机的两大瓶颈，在这两个技术难点上，洲际通航团队花了不少时间和精力做出积极而有效的探索。公司一共申请了 19 项专利，其中发明专利 4 项，软件著作权 8 项。值得关注的是，洲际通航飞控系统完全自主研发并取得了发明专利权，2017 年 3 月，洲际通航的飞控系统获得欧盟 CE 认证；产品获得 ISO 质量体系认证，同时获得国军标武器装备认证；公司被认证为国家级高新技术企业。2018 年 3 月，洲际通航无人机产品进入武警部队装备序列。

正是由于洲际通航注重核心技术的攻关，在细分领域逐渐成为冉冉升起的新星，2018 年底深圳市政府股权投资 550 万元人民币，占洲际通航 8.3% 的股份。

"无人机只是一个载体平台，如果无人机载荷大，就可以搭载更多的设备，就能做更多、更重要的工作，比如，激光探测设备自重 1.75 千克，能够同时进行图像和数据采集，如果无人机可以负载激光探测设备，就可以实现激光探测，无人巡视油气管线；消防设备和通信设备更重，达 5 ~ 10 千克，如果无人机可以具有超过 10 千克的载荷，那么就可以做消防无人机、系留基站无人机，所以说研制超大载荷的无人机十分必要。"王中阁说，要突破技术瓶颈实际上非常困难，技术团队做了大量的研发工作，两年多时间，产品才逐渐成熟。

他透露，大载荷无人机的设计还要考虑安全性问题，洲际通航无人机在失重的情况下，会自动打开降落伞，可以安全回到地面，这个属于二次保护装置。在洲际通航高层灭火无人机、系留基站无人机等产品上都有二次保护装置。洲际通航无人机产品类型丰富，多机种、多挂载，在消防、能源、智慧交通等垂直行业产品及方案业界领先，可定制化、可集成化程度高，坚持把"长航时、重载荷"作为核心产品及发展方向，产品优势明显。

责任担当，弘扬企业家精神

王中阁是一位很低调务实的企业家，但他对家乡的情怀却永远是高调的，这种高调可以感染很多人，能够让人产生强烈的共鸣。一次，他在家乡商会上发言时表示："今天，我们衡量一个人成功的标志，不只是看你财富的多少或是你职位的高低，而是看你能量释放的方向和坐标——或感恩故土，或报答养育之恩。儒家文化所弘扬和崇尚的'百善孝为先'，也正是我们当今企业家做人做事的一个准则。我们也可以这样诠释和理解：'小孝治家，中孝治企，大孝治国平天下！'在心存善念，胸怀感恩的同时用我们的绵薄之力为亲人的幸福、家乡的建设、祖国的繁荣添一块砖加一

图 4.6　洲际通航 ICNA–1600 智慧交通监测识别无人机

片瓦。让《感恩的心》这首真挚感人的歌曲能成为我们北方人心中永恒的旋律！"

王中阁胸怀企业家的使命感，并具有浓厚的家乡情结。2017 年 6 月，洲际通航在吉林长春正式落地民用无人机标准化考训基地；2018 年 6 月，洲际通航与吉林省劳动就业培训中心共同建设和打造无人机实训基地，完成了最后的验收和落成。洲际通航建设吉林无人机实训基地，主要为了缓和东北地区无人机行业技能人才紧缺现状，为吉林省每年培养输出数千名无人机飞手与技术人才，为吉林省无人机行业提供了人才支撑。

他介绍，如今已经成立了深圳洲际通航航空学院，专业从事无人机技术的研发、咨询与教育服务，目标是在全国建立无人机培训及考核基地。2019 年 4 月 10 日，深圳洲际通航与广东警官学院正式签订了校企合作协议，双方成立无人机教学培训项目组，针对学院学生及全省公安体系，开设无人机基础课，从无人机理论、模拟到实操全方位授课，基于教学需要，联合编写教材及制定授课流程，同时将警航证培训落地到警官学院，为公

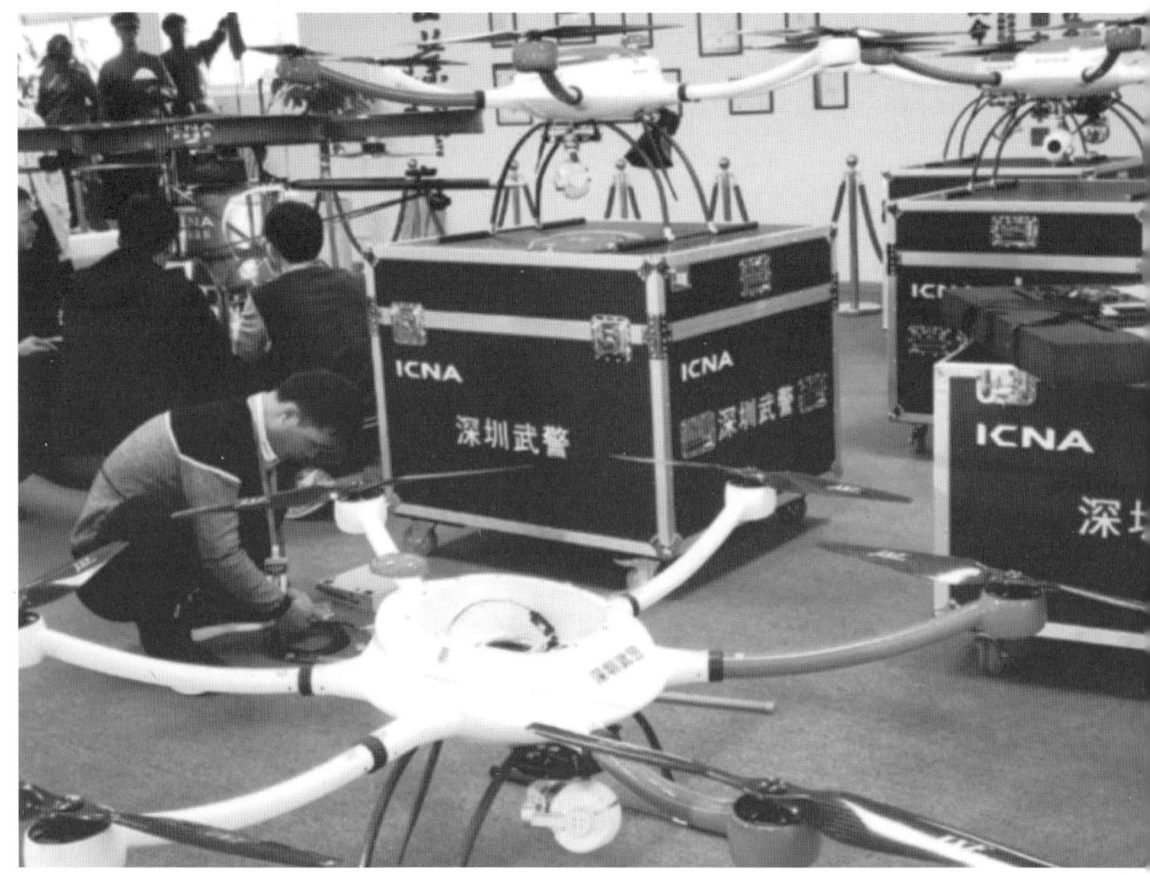

图 4.7 公司技术人员在为装备武警的无人机产品进行检测

安培养警用无人机专业技术人才。根据协议，双方共同开展社会公共安全及智慧化研究，争取创建该领域的全国性示范体系，并成为国家智慧公安的创新理论与技术的共同推进者；双方还建立无人机产学研联盟，合作成立联合课题组，并围绕相关课题建设"空地一体智慧警务联合实验室"。

图 4.8　洲际通航 ICNA750 智慧公安手机定位无人机

深圳洲际通航无人机创客空间是国内首个无人机创客空间，拥有创客会员超过 300 人，拥有超过 1000 平方米的活动场地和 300 平方米的原型加工基地以及完备的加工设备，这里也是深圳市中小学科普活动基地。2018 年底，洲际通航进入"2018 粤港澳大湾区新经济企业 TOP100"榜单，是该榜单中唯一的工业无人机企业。

"我爱祖国的蓝天，云海茫茫一望无边，春雷为我敲战鼓，红日照我把敌歼，美丽的长虹搭起彩门，迎接着战鹰胜利凯旋！"在洲际通航的展厅里，《我爱祖国的蓝天》歌声萦回，消防无人机、激光探测无人机、智慧交通无人机、农用无人机等各类工业无人机一字排开，这位心中有诗和远方的创业者正面露微笑，展现出"夕阳红"创业者与众不同的从容姿态。

【专家眺望】
无人机就是空中机器人

作为一项全新的智能技术，无人机的发展近年来受到世界各国的广泛关注，不管是美国等西方发达国家，还是中国等发展中国家，都在积极推动无人机产业的快速发展。从世界范围看，无人机从航拍娱乐到农业植保、地理测绘、抢险救援，再到智慧交通、军事科研，不论是消费级市场还是工业级市场都面临着全面开花的喜人局面。

"无人机实质上就是空中机器人，在一些特定领域，机器人可以充当人类的好帮手，在未来机器人会成为一种刚需，将人类从重复的劳动中解放出来。"深圳市洲际通航投资控股有限公司董事长王中阁直言快语地说，"城市高楼林立，人口密集，高层建筑消防难度日益增大；石油化工行业高度集中在产业园区，安全隐患也随之增多。无人机除了在这些领域有用武之地，还可以在森林防火、智慧交通、治安管理、应急指挥、物流领域中发挥意想不到的作用。"

森林消防无人机应用潜力巨大

近年来，森林防火形势越来越严峻，2019 年 3 月 30 日四川省凉山彝族自治州木里县境内发生森林火灾，30 名灭火人员壮烈牺牲。王中阁在谈及这场无情的火灾时说："森林火灾由于风力风向变化速度太快，给现场的消防指战员带来严重生命危险，如果采用森林消防无人机，视野更全面，可以全局监控，掌握火势蔓延的方向，又可局部重点侦察，抓拍高温火点等，对灭火决策有重要帮助。"

据统计，飞播造林共实现新增森林 14 万公顷，因消防原因出动飞机 300 多架次。尽管投入了很多人力物力，林业火灾和林业有害生物灾害仍频繁出现，根据《中国林业发展报告》，全国主要林业有害生物防治面积约 1.7 万公顷，森林火灾一年发生约 4000 起，对我国林业造成重大损失。目前，我国主要采取人工、车辆和载人飞机对灾害进行预防和救灾，这些方式存在着效率低下、费用高昂、现场数据采集不及时等劣势，对火情能早预防、早发现、早扑救已经成为森林防火工作的重点，无人机的出现，对林业的火灾防护、有害生物防治、林业资源统计等工作提供了更多的便利条件。

王中阁介绍，针对森林消防的需要，洲际通航开发出专用无人机，巡查速度 10 米／秒，巡查范围最远可达 10 千米，若干数量无人机可建立相对稳定的网络拓扑结构成移动节点群，进行森林日常巡护，可以达到森林防火的最佳事前监控。多种荷载支持白天和夜间工作，全天候随时可执行任务，而且可以代替一线消防人员侦察火情，最大限度保障消防人员生命安全。

首创激光探测无人机

我国油气管道具有运行总里程长、建设年代跨度大、安全事件和事故多发的特点，加强管道的安全管理，特别是加强管道的现场安全巡护管理可控制或减少占比约 86% 风险因素的影响。目前应用最广泛的管道巡护方式是人工巡护。利用同沟敷设的光缆进行管道振动预警和泄漏检测，由于技术条件限制还没有大规模地应用。无人机自动巡护技术已经具备实际应用条件，是管道巡护应重点发展的方向。利用无人机对石油管道定期巡检、应急巡查，不仅效率高、效果好，而且保证了巡护人员的人身安全，同时可以提高管道巡护作业的自动化程度，具有极大的经济及社会意义。

很多油气长输管线都位于无人地带，并且有些还是位于地理条件复杂的地区，车辆、人员不易到达，使对管线的巡检工作难度大、效率低。洲际通航首创激光探测无人机，是利用国际上最先进的气体检测技术——激光吸收光谱技术为检测手段，利用激光检测技术可进行远距离遥测、反应速度快、灵敏度高的特点结合无人机，实现在空中对地下管线进行泄漏巡检，可大大提高巡检效率。

　　王中阁介绍，使用无人机直接从空中以远距离遥测监测方式对地面的管道泄漏情况进行检查，飞行高度可以达到 50 米，晴天情况下检测高度 25 米，阴天情况下检测高度 50 米。激光探测无人机拥有毫秒级的检测速度，可以每小时 30 千米的速度进行巡检，提高巡检效率。该无人机灵敏度高，可以检测到地下管道发生泄漏后渗漏到地面上的微量气体，通过 GPS 结合实时检测数据可以对泄漏位置进行定位，为后期维修提供数据支持。而且，标清图像传输能够显示实时时间、经纬度、飞行高度等信息，同时可实时显示甲烷浓度值，当浓度过高时会提示甲烷浓度超标。无人机的抗干

图 4.9　洲际通航研制出的国内第一台激光探测无人机

扰能力强，可在白天、夜晚、晴天、阴天、雨雪天等不同环境下使用，并且只对天然气的主要成分甲烷有反应，不受其他气体干扰。值得一提的是，激光探测无人机具有全自动化自检功能，无需校准，使用过程中无需定期进行调校，没有额外的使用和维护成本。

研制系留无人机，服务应急通信

图 4.10　洲际通航深圳总部团队合影

我国幅员辽阔，地理和气候条件都非常复杂，是全球遭受自然灾害最严重的国家之一。由于我国位于地震带之间，地震断裂带十分活跃，具有地震活动频度高、强度大、震源浅、分布广等特点，近年来破坏性地震相继发生，对通信基础设施造成了严重的破坏，给抢险救灾工作带来很大困难。应急通信是突发性紧急事件时通信需求的基础保障，建立并完善先进的应急通信系统是面对地震等突发性紧急事件时抢险救灾的重要工作内容。因此，对应急通信的研究具有极其重要的意义。

破坏性地震往往会对通信基础设施造成破坏，使受灾地区对外通信中断，成为完完全全的信息孤岛，给救灾组织、指挥调度、人员搜救、次生灾害预防等工作造成重大困难。因此，地震现场要利用各种通信资源，快速有效地实现灾情信息的传递上报，为救灾组织、辅助决策、指挥调度等提供支持。市场上大多采用系留多旋翼无人机作为应急通信基站。在遇到自然灾害、电力中断等特殊环境下，通过系留无人机完全可以实现应急通信保障。系留多旋翼无人机通信基站是随着无人机技术发展起来的一种新兴通信技术，在如地震、泥石流、火灾、雪灾等自然灾害中，在有线通信网络被破坏或者损毁的情况下，利用系留多旋翼无人机通信系统，可以迅速建立起新的通信系统，以最快的速度与灾区取得联系，保障救援工作的顺利进行。

2018 年 10 月，应急管理部成立后，对利用系留无人机作为应急通信平台解决灾害时移动通信基站瘫痪的问题非常重视。同年底，洲际通航与应急管理部沈阳消防研究所合作开发基于系留无人机的应急通信项目，这是应急管理部 23 个重点攻关项目中唯一的无人机集成项目。2019 年 1 月，洲际通航与恒隆控股联合成立北方应急救援中心。

　　为何应急管理部重点攻关项目——系留无人机应急通信空中基站会选择落户洲际通航？有关专家介绍，目前，1.6 米左右轴距无人机由于机身结构以及动力系统，主要用于 5 千克载重以内的载重飞行，但对于 8 千克、10 千克以及 12 千克甚至 15 千克载重无法达到要求，而系留无人机基站项目需要 10 千克甚至更高载重要求，目前市面上大轴距碳纤维一体机身无人机暂时无法达到要求。洲际通航以专网基站为载体进行产品完整

图 4.11　洲际通航技术人员为合作伙伴展示自主研发的
"应急管理部唯一无人机集成项目——空中基站"项目产品

性设计，系留基站无人机优势明显，最大载重 15 千克，空机电池续航时间为 60 分钟，专门针对系留无人机供电方式进行定制开发，一体机身可在中到大雨天气进行不间断飞行，单机可搭载空中基站完成公网或者私网的 5～10 千米应急通信指挥任务，保证突发情况下应急通信。而且无人机与基站进行完美匹配，不产生电磁干扰。该系留基站无人机可以通过系留无人机通信系统搭载自组网电台、集群微型基站、微型基站等多种通信载荷，形成多种灵活的通信应用配置方式，在灾区核心区域快速开通通信服务，同时在后方应急中心、现场指挥部与抢险队伍间形成超短波通信达 40 千米、宽带视频通信达 10 千米的大区域覆盖应急通信网络，为救援工作提供强有力的通信保障。

智慧交通无人机显神威

2018 年 4 月，洲际通航与上市公司海康威视签下 2018 年产品销售第一单，由洲际通航自主研发的拥有 4 项发明专利的六旋翼无人机再次走进应用市场。该产品此次装备了辽宁省交警部门，配合了在本溪市开展的"利剑行动"，洲际通航飞手部与科研部专职人员也在现场，全程参与了此次交通专项整治活动。洲际通航工作人员根据洲际通航自主研发无人机的培训大纲和交通警察支队的要求，使用现场教学的方式，对交警进行手把手演示操作无人机的各项功能和无人机操作的各种注意事项，达成了交警可以独立完成无人机的起飞降落、云台操控、地面站的使用及电池的充放电和电池保养等工作，圆满完成了售后培训及对本溪公安干警和交通警察的列队训练拍摄工作。

智慧交通领域，无人机可以借助计算机网络技术，对高速公路的实时交通状况进行监测，为交通部门和司乘人员提供实时的交通信息资源。在高速公路监控领域，长期以来都是固定监控摄像头实现监控视频数据的采集，其监控受到地域、高度、角度和天气等因素制约，而无人机在空中监测不受地域限制，监控范围更广，不需要使用车道出入口，可以直接进入封闭的高速公路上空进行监测，可以沿着直线飞行，不受交通堵塞的影响，以最短的时间抵达事故现场。同时，无人机还有隐蔽性高的特点，在执行监控任务时不会打扰驾驶员，除了可用于白天监控外还可携带热成像设备用于夜间的监控。

王中阁透露，洲际通航的无人机已在江西高速公路监控领域试用，效果不错，未来洲际通航无人机还会在其他省市的高速公路监控领域发挥威力。

物流领域无人机将广泛应用

自从无人机技术的应用从高技术武器拓展到大众消费品、工业生产，人们一直在探索无人机的新应用领域，如物流、植保、巡线等，特别是在物流行业如此发达的今天，物流也是无人机的一大应用场景，在可预见的将来，物流无人机的应用势必会越来越广泛。

2018 年春天，洲际通航已与广州唯品会研究院有限公司签订合作协议。这无疑是洲际通航进军物流无人机领域的一个重要里程碑，双方就合作方向、合作模式、合作目标均达成一致。广州唯品会研究院有限公司，是一家专门研究创新前沿技术的公司，是唯品会集团旗下独立的研发机构，主

**图 4.12　洲际通航研发产品采用世界最先进的以色列图像传输系统，
图为洲际通航与以色列合作商共同出席展会剪影**

要研究方向为电子商务、现代物流相关的创新技术，如虚拟试衣、图像处理、
AR/VR（增强现实／虚拟现实）、自然语言处理、无人车、无人机等技术。

　　王中阁表示，虽然物流领域还没有大规模使用无人机，但随着无人机
载荷的提升和续航时间延长，未来物流无人机的使用肯定会越来越多。众
多互联网电商、外卖平台都将无人机配送视为未来物流战略的重要一步，

图 4.13 2019 年 9 月，在第 16 届中国科学家论坛上，王中阁董事长与洲际通航斩获
"中国创新领军人物""中国创新品牌企业"双项殊荣

因为在打通物流最后一公里的环节以及地面交通不方便的地方，无人机肯定能发挥巨大的作用，相信在不久的将来，无人机送包裹有望成为现实。

《深圳机器人产业发展白皮书（2017年）》显示，我国无人机处于快速发展阶段，在市场占有率、研发制造能力和应用场景等方面，均处于世界前列。据国际数据公司 IDC 数据统计，2016年，我国无人机销售规模约 37 亿元人民币，同比增长 58.80%；2017年销售规模约 62 亿元人民币，同比增长 67.57%。2019年我国无人机市场销售规模达到 390 万台，合计约 600 亿元人民币。预计到 2023年，我国民用无人机市场规模将会达到 976.9 亿元人民币，年复合增长率 59%。预计 2020年全球无人机市场规模将达到 259 亿美元，年均复合增长率达到 42%。据不完全统计，深圳无人机市场份额占全球市场的 70% 以上，是全球无人机的集散地，堪称"无人机之都"，拥有大疆创新、一电科技、雷柏科技等大型龙头企业，尤其是大疆创新作为行业龙头，其飞行控制系统及云台等技术都处于领先地位。

展望无人机产业未来的发展趋势，王中阁指出，我国无人机产业要获得快速健康的发展，还需要完善法律监管、增强产业配套建设、促进核心技术的突破。尽管目前还有很多困难需要解决，但在王中阁看来，未来 5 年，无人机的研制仍会以"载荷"为中心，随着 5G 技术日益成熟并且启动商用化，公安系统、国土测绘、农林植保、环保监测、边防巡逻、线路巡检、物流快递等领域会越来越多地使用无人机，这将是一个市场潜力巨大、快速增长的朝阳产业。

05 勇艺达机器人：
聚焦安全教育与安全服务

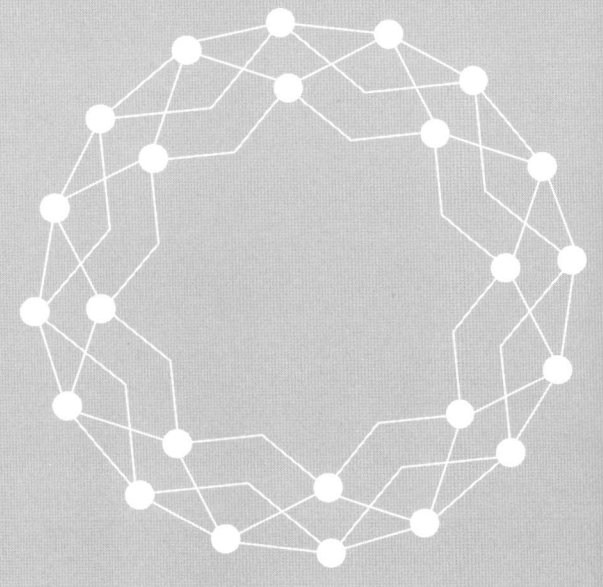

粤港澳大湾区战略性新兴产业研究

勇艺达机器人

深圳勇艺达机器人有限公司（下文简称"勇艺达机器人"）是一家专注于安全教育与安全服务的人工智能大数据公司，主要产品为针对消费者的安全教育机器人和针对机场等场景的商用服务机器人。

勇艺达机器人自主研发的重点技术集中在NLP（自然语义理解）、CV（机器视觉）和SLAM（自主导航行走）三项。公司拥有强大的研发实力和人才优势，积累了约200项技术专利。公司已推出多款安全教育机器人及国内首款万平方米级场景服务机器人，并打造了勇艺达机器人云平台，目前云平台已运营4年，为用户提供约30亿次服务。

安全教育机器人以教育场景为主，重点突出"人工智能+安全教育"，运用NLP、CV等AI技术首创安全教育个性化、可视化的交互体验，拥有行业内最全的安全知识内容，打造以安全教育机器人为载体的人工智能安全教育平台。

商用服务机器人以机场应用场景为中心，扩展到银行、政务、医院等场景，提供智能业务办理、自主送物等服务，在行业内首家实现商用万平方米级场景的自主导航行走。目前，勇艺达机器人T1已在深圳宝安、广州白云等机场进行安检服务。勇艺达安检提醒机器人已进驻国内218家机场，国内机场进驻率93%，年服务旅客上亿人次。

【创业历程】
吴勇谋：用爱心铸造服务机器人金字招牌

　　吴勇谋，16 岁时还是深圳一家合资企业里最普通的打工仔，如今，他一手创办的深圳勇艺达机器人有限公司已经成为服务机器人领域的佼佼者，勇艺达机器人以独特的技术优势服务国内机场安检以及成千上万的家庭。2019 年 4 月，勇艺达机器人夺得第五届"恰佩克 2018 年度最佳销量奖"；而在此前，勇艺达机器人曾获得第七届"吴文俊人工智能科技进步奖"和"广东服务机器人突出贡献奖"以及 2018 年度"深圳十大机器人企业奖"。

　　吴勇谋满怀信心地说："我创业 22 年，如今正带领全体员工用我们的爱心来铸造服务机器人金字招牌。对于勇艺达来说，'安全'是核心关键词，未来勇艺达机器人在安全教育和安全服务的道路上一定会越走越顺畅！"

从学徒工到知名手机厂商

　　吴勇谋出生在福建省一个普通的农村家庭，全家人靠父亲做泥水工的收入度日，因此父母要供养 3 个读书的孩子异常艰难，每个月只能吃两三顿白米饭，大多时候靠红薯来充饥。1993 年夏天，初中刚毕业的吴勇谋对母亲说，为了让弟弟和妹妹多读些书，他想辍学到深圳去打工。母亲默默地把仅有的 200 元人民币塞给了这个懂事的儿子，让他去深圳闯荡。

个子瘦小的吴勇谋从福建晋江来到深圳宝安找工作，为了糊口，他在一家日本与中国香港的合资工厂当了搬运工，每天辛苦地搬货，一个月才挣 200 元人民币。"我那时刚刚满 16 岁，每天都觉得又苦又累，特别想换个工作，所以在一个月后，在工厂橱窗看到招聘学徒工的通知后，我就毅然去应聘。"吴勇谋觉得生活对他太厚爱了，居然有这样一个可以学习技术的工作机会，心想只要能当上学徒工，好好学门手艺，还有涨工资的机会，他的心愿就满足了！

图 5.1　勇艺达河源制造基地大厅

吴勇谋顺利入选了学徒工，其实主要工作除了学习无线电发射模拟信号方面的技术外，还有一部分工作是给日本师傅做勤杂员。师傅是工厂中负责现场管理和技术的干部，管理经验丰富，吴勇谋下班后帮助师傅洗衣服，给他倒茶点烟，无微不至地照顾着这位师傅的起居生活，师傅也把所知道的东西毫不保留地教给了这个乖巧的学徒，包括手机生产工艺、工厂管理流程、手机零部件知识、企业文化、现场管理等。

吴勇谋回忆道："那个时候，为了更熟练地掌握相关技能我每天都是11点半以后才离开工厂回到宿舍，连续3年时间几乎没有在周末和假期休息过。我下班后要不断地学习，因为才初中文化水平，我不仅要自学中专、大专课程，还要跟师傅学习很多东西，无线电发射、射频、声学、力学、手机结构、手机主板等，总有学不完的东西。"

为了节省时间，吴勇谋在打工的时候头发留得很短，每次都是在天桥底下花一元剪个板寸头；为了省钱，3条牛仔裤轮流穿，工衣直到穿破才会换一件。"那4年时间，我就是以厂为家，只要能多学点东西，再累再苦我都不怕。"吴勇谋说，外资工厂鼎盛的时候有2000人，工厂的管理提倡创新、精简，他从企业文化中学习到很多有用的东西。4年里，他从学徒工上升到高级经理，每月工资从200元涨到2000多元。

1997年春节前夕，吴勇谋回到老家过年，看见家里仍然一贫如洗，想到自己打工再过10年也无法改变家中的贫穷状况，他萌生了自主创业的想法，想拥有一家如外资企业那样的现代化工厂。他把想法告诉了母亲，说这几年存下来28000元，打算拿这些钱当本钱，再去深圳找机会闯闯。"母亲同意了我的决定，福建人信奉'爱拼才会赢'的人生信条。伟大的母亲给了我很多支持。"

那年 4 月，吴勇谋到深圳寻找创业机会，先是租了一间临街的铺面，再到华强北电子市场去寻找商机。他得知广州电子城也有很多电子配件，决心到广州去看看。

生命中偶然发生的一件事情，可能会改变一个人的命运。当然，机会总是留给有准备的人。一天上午，他乘上一辆开往广州的大巴车，突然听见一个拿着"大哥大"的男子在大声地讲电话，内容是责怪对方拖了这么久却仍不交货。等男子放下手机，吴勇谋主动跟他搭讪："大哥，你找什么货呢？"这个陈姓老板说需要天线架这个手机配件，从日本进口这个配件常常被拖延交货时间。吴勇谋马上说，自己可以研发生产天线架。陈老板半信半疑地看着他，他介绍了自己曾在日本手机加工厂工作了 4 年的经历，陈老板答应给他一个月时间提供样品，如果检测合格可以给他下订单。

"我从广州回来，连续两个晚上睡不着觉，虽然我知道如何做出天线架，但我没有机器设备啊！我知道，如果错过，以后就难有这样的机会了。"吴勇谋冥思苦想，突然有一天他想到之前在工厂打工时结识的一位工友，已经跳槽到另一家工厂做主管去了，能否找他帮个忙呢？吴勇谋找到工友，请他给工厂老板谈一下借用生产设备的事情。工友很热情地推荐他去见老板，谈妥租用设备按一小时 60 元收费，每天晚上 10 点以后再进工厂干活。他每天等工厂的工人都下班，再进去上班，一直要忙到凌晨两三点。就这样辛辛苦苦地干了 20 天，终于做出了天线架，提前给陈老板去送样。一检测，各项性能完全达标，爽快的陈老板答应给他下单。

接下来，必须想办法解决生产设备的难题。吴勇谋寻觅了好几天，终于花 2 万多元买到一台二手设备，放在自己用来住的铺头上开始夜以继日地生产。从做天线架起步，再到固定架等手机通用配件，产品种类也越来越丰富。

1997年10月1日，深圳勇艺电子科技有限公司在宝安区宣告成立，吴勇谋这个才20岁的打工仔做老板的梦想终于实现了。"'勇'字包含了勇气的意思，'艺'是代表'技术'和同音'亿'，我那时的梦想是实现1个亿的收入。"

从陈老板到漫游通，再到富昌，客户越来越多，勇艺电子科技有限公

图 5.2　勇艺达研发中心

司开业第一年就赚到 100 万元，到 2004 年，用 7 年时间完成了他人生的第一个亿元目标。

　　"我们公司人数最多的时候有数千人规模，我们给波导、科健、南方高科、TCL 等大型企业做手机的贴牌设计生产，从手机零配件到电镀、贴膜、组装、整机生产等整个环节，我们都可以承担。2005 年我们公司的年销售额达数亿元，2007 年在河源购买了 10 万平方米土地修建新勇艺科技园，并且 2010 年入股了天彩控股公司，这是一家运动相机、智能硬件等产品的 JDM（联合研发制造）公司。我拥有丰富的研发和生产管理经验，所以就在 4 年时间里带领着天彩控股公司实现了快速成长，牢牢占据全球运动相机出货量第一的地位，天彩控股公司于 2015 年成功在香港主板上市。"

图 5.3　勇艺达河源制造基地

然而，生意场上总有波折起伏，尤其是 2008 年发生金融风暴，给吴勇谋的手机生产企业造成巨大冲击，他说："我感受到雪上加霜的滋味，'雪'就是金融风暴，影响了手机的外销市场，'霜'是智能手机面市，之前我们主要生产功能手机，现在面临技术转型，而订单又极度萎缩，5000 人规模要收缩到几百人，一下要关掉 4 个工厂。有的员工跟了我好几年，要辞退老员工真舍不得，为此我难过得流了好几次眼泪。"

转型服务机器人新兴市场

不论吴勇谋内心深处有多么不舍，手机领域的创业之路已经无法继续走下去。他在运动相机领域辛勤耕耘了 4 年，当天彩控股公司成功上市后，吴勇谋又要继续寻找新的搏击方向。成功的企业家永远不会坐等"缪斯垂青"并赐予他一个"好主意"，相反，他们只相信实践摸索，相信努力实干。

这个时候，服务机器人产业在深圳刚刚兴起，而且很多企业都是处于摸索阶段，这是一片蓝海。2015 年 9 月，吴勇谋在宝安区创立深圳勇艺达机器人有限公司，聘请了几十位曾在 MTK（台湾联发科技股份有限公司）、三一重工、腾讯科技工作过的工程师，开始启动服务机器人的研发工作。吴勇谋将 20 年电子消费产品的资深经验、精准的战略眼光、深厚的研发技术积累和全产业链的制造优势结合起来，不断引领服务机器人行业的发展，也带领勇艺达机器人实践公司的愿景，成为人机智慧融合的领航者。

5 年时间，勇艺达机器人持续投入数亿元的研发费用，组建一支 200多人的研发团队，累计申请了 200 多项专利，其中，75 项是发明专利，打磨出一系列品质出色的服务机器人产品。2017 年，勇艺达机器人正式推出首款服务机器人产品，产品一经面世即受到市场的好评。目前，勇艺达机器人的产品数量和覆盖领域在行业内占据鳌头，产品销量和占有率也牢牢占据服务机器人行业的第一梯队。

　　吴勇谋曾经在手机和运动相机两个领域的创业都十分成功，所以积累了丰富的市场营销经验。对于市场的开拓，勇艺达机器人历来是通过拿下行业内具有标杆意义的客户的方式快速占领行业高端地位。比如，开拓了

图 5.4　吴勇谋和新款勇艺达机器人在一起

中国移动、科大讯飞、韩国 LG、深圳机场、沃尔玛山姆会员店、深圳联通等国内外各个行业具有代表性和标杆性的客户。"虽然这些客户对于产品技术、功能、品质甚至到生产制造端的供应链、制造经验、产线等都有较高的要求，但是最终成功地和这类客户合作，对于我们整体的水平也是一种鞭策和提高，特别是一旦开拓了标杆客户，在标杆客户的行业内就具有很快的传播和复制性。"吴勇谋自豪地说。

2016 年底，LG 向全球供应商发出一个服务机器人研发订单的招标，最终勇艺达机器人以过硬的技术实力和快速反应能力脱颖而出，在 3 个月内拿出了样机；勇艺达机器人与中国移动公司深入合作，打造中国移动营业厅服务机器人和人工智能制卡机；与科大讯飞合作开发服务机器人，2018 年底被科大讯飞授予"优秀合作伙伴"称号，并颁发了"领军突破奖"；针对青少年教育市场，开发出外形可爱的"小勇"教育机器人，累计出货近百万台。

吴勇谋介绍，沃尔玛山姆会员店是国内高端的会员制 KA（Key Account，即重要客户）卖场，它们对于产品准入的门槛很高，在对勇艺达机器人进行了详细的审核之后，沃尔玛山姆会员店开始了和勇艺达的合作尝试。勇艺达机器人在和沃尔玛山姆会员店合作的过程中，面临着短期内要快速解决它们对于产品提出的诸多要求。在勇艺达机器人研发团队、制造团队加班加点的攻关下，勇艺达机器人解决了一个又一个的问题，最终在规定的时间内把符合沃尔玛山姆会员店要求的产品提供给了它们。和沃尔玛山姆会员店的成功合作，为勇艺达机器人后续快速地和国美、苏宁等 KA 卖场合作起到了一个非常好的示范和推广作用。此后，勇艺达机器人也很顺利地把产品进驻到国美、苏宁等 KA 卖场。

鲜为人知的是，当吴勇谋转型服务机器人产业的初期，也有一些人以为他只懂得市场营销的方法，对服务机器人的技术路线并不了解，更不会重视技术研发工作。而事实上，吴勇谋对机器人技术的研发极为重视并且加大研发投入，连续 5 年研发投入数亿元。2017 年 12 月，作为国内首批从事服务机器人研发、制造与销售的国家高新技术企业，勇艺达机器人参加了第七届"吴文俊人工智能科学技术奖"的评选。历时 8 个月的项目评比，勇艺达机器人凭借在人工智能领域中的创新表现及在推动人工智能科技发展中作出的重要贡献，最终在 296 个申报项目中力压群雄，斩获"科技进步奖——企业技术创新工程项目"大奖，用登顶人工智能领域荣誉之巅的实力，证明了自己在行业中的领先地位。

吴勇谋表示，面对外界质疑的时候，他总是置之不理，而是用实际行动来证明勇艺达机器人的优秀，"吴文俊人工智能科学技术奖"可谓人工智能界的"奥斯卡"，获得此项殊荣，标志着勇艺达机器人研发项目获得了国家层面相关技术专家的认可，也是对其在人工智能领域所做出成绩的最大褒奖。

心中有大爱传播安全知识

国内教育机器人市场鱼龙混杂，不仅很多玩具厂商纷纷采取低价竞争策略，而且一些互联网企业为了抢占流量入口，也用低价竞争的方式杀入教育机器人市场。那么，在一片白热化竞争中，勇艺达教育机器人为何独受青睐，市场表现十分不错呢？吴勇谋透露了制胜秘诀："我们采用的是差异化战略，专注于安全教育机器人的研发，紧紧抓住'安全'这个核心关键词，勇艺达教育机器人热销产品背后有我们研发团队倾注的宝贵心血。"

2017 年 10 月，勇艺达核心团队通过市场调研计划制订 2018 年的战略，他们先是考察了英语教育、专注度训练、娱乐机器人和编程机器人等几个产品方向，但考虑到自有研发的优势、市场上产品同质化现象严重等因素，所以就决定另辟蹊径，专门研发安全教育类机器人。

"当时在公司内部组织了一次大讨论，我介绍意外伤害是儿童和青少年死亡的第一原因，也是导致严重疾患和残疾的主要因素之一。由于青少年社会经验不足，缺乏安全知识，自我保护和自觉规避风险意识不强，导致近年来学生意外伤害事件呈上升趋势，也使得预防青少年意外伤害教育迫在眉睫。有一个数据让我感到痛心，就是我国每年死于交通伤害的 14 岁以下儿童高达 18500 名，是美国的 2.6 倍，还有很多孩子死于触电、溺水、动物咬伤等意外事故，而很多意外事故是可以通过安全教育避免发生的。我的说法得到了高管们的认同，当我提出要做安全教育机器人产品方向后，产品总监刘伟当场主动请缨，要做这个项目的产品负责人，他眼含泪水地说了一件发生在他身边的意外事故：2013 年除夕那一天，他和哥哥全家正在愉快地团圆，没想到年仅 4 岁的侄子竟然掉入屋后的池塘淹死了，本来是欢庆团圆的日子，他们却经历了骨肉分离的惨痛，至今刘伟的父母和哥嫂仍然难以走出这份悲痛。刘伟说针对青少年进行安全教育太重要了，因为意外事故一旦发生就无法挽回，会给家庭造成一辈子的伤痛。"吴勇谋当即任命刘伟为安全教育机器人产品副总经理，让他全力打造一款让少年儿童喜欢的安全教育智能互动机器人产品。

"如果要问我转型机器人创业过程中最令我感动的事情，那就是刘伟对产品的痴迷，他几乎投入了所有的心血和智慧来打造安全教育机器人产品。"吴勇谋真诚地说。

　　刘伟先对儿童安全教育市场进行了全面调研，发现儿童安全教育领域有"艾德叔叔安全特工队"这类儿童动画系列故事，"学生安全教育平台"APP 在国内青少年用户中有较大的影响力，他认为安全教育平台属于被动式传递安全知识，那么就需要互动游戏作为补充，于是要寻找权威儿童安全教育专家一起合作开发安全教育的互动游戏，这成为刘伟孜孜以求

图 5.5　2019 年 1 月 14 日，勇艺达机器人获 2018 年度深圳机器人十大企业奖

的事情。

在参加全国儿童安全指导师的培训活动中，刘伟有幸结识了中国人民公安大学著名安全教育专家王大伟教授，老教授不仅学识渊博，而且对青少年安全教育怀有很深的情感。之后，他带着吴勇谋一同去北京见王教授寻求合作，诚恳地表示希望把王教授毕生的研究成果转化为互动游戏。经过多次交流，王大伟终于被刘伟和吴勇谋的诚心所打动，同意指导刘伟团队进行互动游戏的开发。"王教授告诉我，每一首安全童谣、每一个安全小故事、每一套安全小游戏，都可能挽救一条鲜活的生命。我们得到王教授独家授权使用他 1600 万字的著作，他负责专业指导，我们负责开发相应的互动游戏。"刘伟介绍，他带领团队有针对性地开发出"安全跳跳乐""安全大闯关"两个系列游戏，放到勇艺达机器人"小勇"的云端，深受青少年用户的喜爱。比如，"安全跳跳乐"是一款寓教于乐的棋盘游戏，属于互动益智游戏，培养孩子的安全意识、逻辑思维、社交能力、语言表达能力等。

"刘伟在产品定义和用户体验上废寝忘食，特别是在用户体验的精益求精上几乎到了不吃不喝的地步，比勤奋的员工还要痴迷很多倍。他将这个产品的知识体系架构分为 4 层：最底层知识是尊重生命和热爱生命；第二个层次是给孩子陪伴，让青少年养成健全的人格；第三个层次是安全大闯关，传递安全知识点，最大限度防范意外事故发生；第四个层次是如果发生了意外事件，应该如何科学处理，比如被烧伤、小猫挠伤后应该如何处理。这几个层次的知识体系构建，赋予了'小勇'新的生命力。我们自己本身就是第一用户，我们的孩子们特别喜欢与'小勇'互动，不知不觉中学习到很多安全常识，这让我感到十分欣慰和自豪。如果青少年用户能够通过学习安全常识，避免发生意外伤害，减少因意外事故造成的死亡和伤残，我们就会有巨大的成就感，这比挣了多少钱要更有价值！"吴勇谋一边手捧憨态可掬的"小勇"机器人，一边微笑地说。

这是一支心中有大爱的团队，也是一支富有战斗力的队伍，他们把王大伟教授 40 多年安全教育的经验和内容通过研发，加上人工智能技术，制作成适合小朋友和青少年的安全教育内容，通过 AI 互动学习、游戏、安全故事、安全百科、安全知识问答闯关等方式，以小朋友和青少年最喜欢的方式，寓教于乐来学习安全教育知识。这种学习的方式和内容目前是勇艺达安全教育机器人和其他教育机器人相比所独有的、差异化的特点。"小勇"机器人自从主打"安全教育"牌之后，销量一路攀升，也反映出这款产品满足了市场的痛点需求。2019 年 4 月，勇艺达机器人更是凭借骄人业绩夺得第五届"恰佩克 2018 年度最佳销量奖"。

勇艺达机器人之所以能从教育机器人领域脱颖而出，是因为吴勇谋始终强调"创新"，他认为在这个快速变化的时代，一个企业要想具备创新的能力，获得成功的机会并且繁荣昌盛，不能光靠老板一个人推崇创新，必须让企业里的每个高管、每个员工都强烈地渴望创新和参与创新。因此，在勇艺达机器人企业制度设置上，"创新"是由"精简"和"共赢"来支撑的，所谓"精简"，就是抓住核心点，尽量简单处理，管理等级呈现扁平化，层级简单，反应敏捷，战斗力强；所谓"共赢"，体现在企业内部，勇艺达机器人核心管理团队 9 人，高管和核心技术骨干 40 人持股，让每个骨干员工的利益都与企业的成长息息相关。

从手机制造到运动相机制造，再到服务机器人的研发生产，这一路走来，吴勇谋已经从最底层的打工仔成长为一名成功的企业家，可他仍然信

图 5.6　2019 年 4 月 19 日，勇艺达机器人副总裁贾湛出席在安徽芜湖举行的
第五届恰佩克颁奖典礼并发表演讲

奉"爱拼才会赢""吃得苦中苦,方为人上人"的人生格言。即使是身家过亿,
参与创办过香港上市企业的吴勇谋,如今接待客人也仍然是穿着勇艺达机
器人的工装,坚持每天早上第一个到达公司上班。言谈朴实,勇于拼搏,
正是他的本色写照。

图 5.7　2019 年 6 月 5 日，勇艺达机器人副总裁贾湛受邀出席华为云 2019 年深圳城市峰会并发表演讲

【专家眺望】
服务机器人需要更多场景创新

需求场景切入是服务机器人商业化的基础，需求的强弱决定了场景的

价值，当前服务机器人行业的价值存在于垂直特定领域的应用。"基于这个认识，我们要关注的是与应用场景的密切结合，注重对应用场景的深入探索，真正使服务机器人成长起来。我们所做的创新，并不是颠覆性的技术创新，而是应用场景的创新，就是针对青少年安全教育和机场的安全服务这两个场景的需求聚焦和深挖，才有了勇艺达机器人今天所取得的某种意义上的突破。"吴勇谋说。

安全教育机器人受市场青睐

小朋友问"小勇"机器人："在商场里走丢了怎么办？"

"小朋友如果在公共场所和大人走散，一定不要慌，要向穿统一服装的叔叔、阿姨求助，例如警察、保安叔叔或在那里工作的工作人员，请他们帮着广播找人，或请他们给爸爸妈妈打电话，千万不要与其他陌生人说话，更不能跟着走。"这是"小勇"机器人的回答。

像这样的安全问答题一共约有 2000 条。勇艺达安全教育机器人产品副总经理刘伟介绍："后台云端还在不断搜集用户提到的安全问题，把一些新的知识点补充到知识库，这样小朋友可以从'小勇'机器人那里得到的安全常识就会越来越丰富。勇艺达机器人除了有 APP 应用端，还有强大的云端大数据交互技术，不断地更新安全知识库，给用户提供持续优化的知识服务，这是别的小厂家所不具备的优势。"

最受小朋友喜欢的一款游戏是"安全跳跳乐"。就像飞行棋一样，小朋友按棋子颜色分类，如果遇到红灯，就要被暂停一轮游戏；在电梯里打闹会造成电梯故障而被困，被暂停一轮游戏；坐陌生人的车被拐走，就要被暂停两轮游戏；遇到高压电箱，请快走两格；雷雨天气不能在大树下躲避，请快走两格。"小孩子在游戏中可以得到奖励或者惩罚，对安全知识记忆会更加深刻，外出场景一共涉及 68 个知识点，还有居家安全、校园安全、心理健康和性教育、灾害自救、饮食安全等一共 6 类安全常识。"刘伟介绍。

吴勇谋并没有满足于"小勇 A1"机器人的热销，于 2019 年 6 月推出市场高端产品"小勇 A2"，除了新增了一块蓝光护眼高清触控显示屏，可以播放故事、课程以及动画视频等，给孩子更多的乐趣与陪护，让孩子在玩乐学习中，视力也受到保护，还融入 AR 技术与人工智能技术，孩子可以连接真实世界与虚拟世界，全新互动式学习安全知识，让孩子在惊叹科学的神奇、沉浸在游戏中的同时，全面培养安全知识。显示屏上方是一个高清摄像头，通过它，"小勇 A2"可以成为连接小朋友和父母的小帮手，完成亲子间的远程视频互动，即使不在身边，也可以远程陪伴孩子；AR技术，搭配"小勇 A2"准备好的安全绘本，孩子可以玩转安全小知识。

我国"全面二孩"政策明显提高了义务教育在校学生数，预计 2027 年我国小学在校学生将达到最大值约 1 亿人，大大增加教育机器人面对的市场基数；2017 年，国务院颁布的《新一代人工智能发展规划》指出人工智能普及要从小做起，在中小学阶段设置人工智能相关课程，逐步推广编程教育，鼓励社会力量参与寓教于乐的编程教学软件、游戏的开发和推广。而这些应用项目的落地实施，在国家层面上为教育机器人行业的发展提供了强大的动力。叠加政策大力扶持人工智能中小学落地化，大力推广建立人工智能实验室、编程实验室，使教育机器人需求激增；中产阶级的教育焦虑，以免孩子输在起跑线上，从而大力投入教育以及消费升级等，各种因素共同驱动教育机器人行业发展，教育机器人未来将会拥有非常广阔的前景。不少企业对日益增长的教育机器人市场垂涎三尺，不仅有科大讯飞、海尔、荣事达大型企业在里面掘金，还有一批汕头市澄海区的玩具厂商也踊跃加入了竞争行列。

随着多方面因素的共同作用，教育机器人行业进入了快速增长时期，机器人竞赛也如火如荼兴起，教育机器人竞赛属于其中的重要组成部分，全球每年有 100 多项机器人竞赛，教育机器人竞赛的规模和报名人数也在稳步增长。2018 年全球教育机器人市场规模约为 9.55 亿美元，较上年增长 16.61%，近 5 年全球教育机器人市场规模增速始终保持在 14% 以上。中国教育机器人市场占全球市场的 10% ～ 12%，得益于国家层面政策的不断支持以及教育支出的不断增长，中国教育机器人的市场增速要略高于全球市场，使得中国教育机器人在全球所占比重不断加大。2018 年，中国教育机器人市场规模约为 7.5 亿元人民币，较上年增长 29.53%，近 5 年来，中国教育机器人市场始终保持 20% 以上的增速快速增长。[1]

"我认为国内教育机器人分三个阶段：教育机器人 1.0 时代，外壳＋平板＋语音交互 APP＋良莠不齐的教育内容，主要靠卖概念、噱头；教育机器人 2.0 时代，拟人形外观＋多轮语音对话＋模糊语义理解＋正版 AI 互动式教育内容；教育机器人 3.0 时代，拟人互动动作＋更接近真人的语音对话能力＋教育内容 AI 平台，这个阶段需要定制化的教育内容、针对性的课程体系、应用机器人教学的专业师资，属于专业性更强的阶段，也是树立品牌的最好时期。"吴勇谋说，基于大数据和互联网以及语音识别、机器视觉及深度学习等人工智能技术发展，教育机器人的智能化水平将不

1　《预见 2019：中国教育机器人产业全景图谱》，来源：前瞻网，作者：柯素芳，2019 年 4 月 9 日，链接地址：https://www.qianzhan.com/analyst/detail/220/190408-4f2da854.html

断提高，而创造出一个细分领域的新市场，可能是塑造教育机器人品牌的最好方式。

现有的教育机器人产品同质化很严重，大部分不具备自主研发的能力，都是通过采用方案供应商方案甚至 ODM（原始设计制造商）的形式来做产品。为了避免同质化竞争，吴勇谋的目光锁住"安全教育"这个细分市场："我认为安全教育机器人是一个刚需市场，让安全意识在孩子们心里深深扎根，尽量避免意外事故发生，是每位父母都期待的。与日本、德国、美国等发达国家相比，我国针对青少年的安全教育还有很大差距，我们只要够精、够深地做好产品研发，不怕没有市场，好产品自然能够吸引更多用户，而且是可以赢得用户的心，这就无形中构筑了较高的壁垒。"吴勇谋不仅获得了安全教育专家王大伟教授的全力支持和独家授权，而且迅速组织科研团队高效地对需求痛点进行技术攻关，包括如何提高孩子的参与兴趣，如何用 AR 手段增加互动的娱乐性，这样才产生了机器人充当摇骰子的裁判员、游戏中设置了"魔法棒""彩虹桥"和"魔法卡片"等奖惩环节，这些产品设计背后有儿童心理学、人工智能、大数据等各种知识和技术作为支撑。

"人无我有，人有我优"，这是吴勇谋对"小勇"机器人产品设计的总要求。他表示："勇艺达产品针对消费者端主打安全教育机器人产品，寓教于乐来学习安全教育知识。这种学习的方式和内容目前是勇艺达安全教育机器人和其他教育机器人不一样的地方，当然除了安全教育知识之外，我们的安全教育机器人也具备其他教育机器人的同步教材辅导、绘本识别学习、名师教堂、微课堂等常规的功能。"

"小勇"机器人在沃尔玛山姆会员店、机场的商店上线后，得到青少年用户的青睐,这款被誉为"孩子的安全伙伴"的安全教育机器人一度热销。吴勇谋透露,2019 年全年"小勇"机器人销售量有望突破 60 万台,这将为勇艺达机器人成为中国安全教育机器人第一品牌打下坚实的基础。

据前瞻产业研究院的资料显示,根据中国教育市场未来的发展趋势,预计我国教育机器人市场在未来 5 年内的复合增长率依旧保持在 20% 以上,行业集中度将进一步提升。根据马太效应,强者恒强,未来市场份额将向质量优、产品多、性价比高以及渠道数量多的龙头企业集中。预计2019 年,我国教育机器人市场规模将会达到 8.9 亿元人民币,2024 年将会突破 22 亿元人民币。勇艺达机器人有望凭借"安全教育"的概念在这波大潮中一马当先。

服务机器人在机场找到用武之地

在深圳机场的检票口,有一个精致小巧的机器人站在窗口提醒旅客:"深圳机场欢迎您,请出示您的登机牌和身份证,不要携带打火机火柴,谢谢您的配合!"这款外形可爱的服务机器人是由深圳勇艺达机器人有限公司研制的。2017 年 10 月,勇艺达机器人和深圳机场联合打造推出安检小卫士机器人,用在安检柜台为旅客提供安检知识的提醒和违禁物品的收取,一经推出,立即受到国内众多机场的欢迎和喜爱。截至 2019 年 9 月,勇艺达机器人 T2 已进驻国内 218 家机场,国内机场进驻率 93%,年服务旅客上亿人次。

早在 2017 年初,勇艺达机器人到深圳机场安检站进行调研,调研之后发现安检站的需求很多,以当时的技术很难实现,也很难落地。为了详尽地调研需求，挖掘安检站的痛点，勇艺达机器人建立了深圳机场项目团队，经过几个月在深圳机场的驻点调研和观察，最终他们发现安检站的安检播报提醒和违禁物品的收取是安检站目前最急迫需要解决的问题，当时的技术也能够推出给安检人员带来帮助的安检小卫士机器人。在经历几个月的研发测试和试用改进之后，最终在 2017 年 9 月 30 日，赶在国庆节前，安检小卫士机器人全部进驻深圳机场的 32 个安检窗口。在后续的使用中，安检小卫士机器人很好地帮助安检人员减轻他们向旅客介绍安检事项的工作量，使得安检人员可以把精力全部集中到旅客信息对比上，也提高了旅

图 5.8　勇艺达小勇 T1 机器人在深圳机场安检处为旅客进行通道关闭指引服务

客对于安检服务的满意度。这个项目也很快在国内其他机场得到认同，迅速被国内各机场引进，为后续勇艺达大型安检服务机器人的推出做了很好的铺垫。

目前，勇艺达的大型商用服务机器人主要聚焦在机场。2018 年 10 月，勇艺达和深圳机场联合打造推出大型安检服务机器人"小勇 T1"，这款身高 148 厘米的机器人于 2018 年底正式进驻深圳机场，它安装了对危险行为识别的系统，如旅客点燃打火机或者拿出刀具，机器人会给后台发出报警信息，联系安检人员前来处理；通过先进的人脸识别技术，它还能对老人、儿童进行区分，可以实现对特殊旅客的引导。

吴勇谋介绍，这款大型服务机器人具备自主巡逻导航避障、自主充电、语音交互、人脸识别、危险动作判别、违禁物品查询、安检提醒播报、旅客排队指引等多种功能，也是国内首款能够在 1 万平方米大场景真正实现全自主运行的大型服务机器人。截至 2019 年 5 月，这款大型服务机器人已经在深圳机场、广州白云机场、上海虹桥机场、厦门机场、郑州机场和沈阳机场试用，未来将推向国内 50 ~ 100 家大中型机场。

通过对机场的需求深度挖掘发现，在大场景里要实现机器人自主导航，其实存在很多技术难点，包括如何合理有效地进行任务分配和调度、各个机器人根据自己的局部环境信息对某个任务的执行效果做出估计，还要解决动态环境的多移动机器人协调路径规划问题。勇艺达机器人技术团队首先采取了异构多机协作模式，通过建立异构一致化交互协议接口，实现不同机器人之间通信协议的一致化，实现数据的打包、传输和解析，不需要考虑底层数据结构问题。从系统的角度出发，利用 Agent（智能体）的思想以及动态集中规划的方法，构造了一个基于混合式 MAS（多智能体系统）

的协作多机器人系统，同时达到良好的任务协调以及感知定位效果。第二，为了达到识别危险人员及物品功能，技术团队采取了多模态融合，在混合式系统中，小型固定机器人配备 3D 摄像头和麦克风两种传感器，大型移动机器人配备麦克风阵列、红外线、超声波、激光等多种对外传感器，通

图 5.9   勇艺达小勇 T1 机器人在郑州机场

过多信息源融合、特征融合、决策信号融合三个层面进行外部输入信息的识别、校正，提升识别率。第三，注重人机协作效果，通过定制知识图谱提升反馈正确率，通过 RTOS（实时操作系统）提升反馈速度和 5G 毫米波 MIMO（多入多出）阵列降低时延为前提，研制轻型机械臂、多指灵巧手及移动平台集成系统，面向典型应用开展试验验证，达到良好的人机协作效果。

深圳机场如今拥有上万名员工，而从事安全检查的员工也有数千人之多，如果服务机器人可以协助做好安检工作，将可以解放众多的劳动力，提高工作效率。深圳机场对于勇艺达机器人的产品调试、现场使用给予了全力支持，而且把勇艺达机器人作为智慧机场的一个应用案例在全国机场系统做了推荐和宣传。

善于抓大势的吴勇谋说："国家开展粤港澳大湾区的建设，对我们从事安全教育和安全服务机器人研发的企业当然是重大利好，我们可以把最先进的产品通过大湾区展示出去，让更多国外企业看到我们的服务机器人产品如何代替安检人员提高工作效率，这样就可以把勇艺达机器人推广到世界各地的机场。大湾区建设也吸引来了国际一流研发人才，包括人工智能方面的优秀人才，机器人研发除了有深圳的电子信息产业作为支撑，还将受益于人工智能技术的迅猛发展。"

牵手通信行业巨头挖掘 5G 商机

2019 年 4 月 9 日至 11 日，勇艺达机器人有限公司在深圳会展中心参展了第七届电子展，展现了自主研发的全系列机器人产品，从安全教育、智能陪伴、智能教育、逻辑培养到机场安全服务均有涉及，深圳卫视等媒体记者纷纷前来争先报道，吸引了众多参会者驻足。

在这次展会期间最亮眼的一幕是，华为云为助力企业打破发展瓶颈，在展馆里举办了一场"平台 +AI+ 生态"对接会，现场详细解读"平台 +AI+ 生态"的战略，联合勇艺达机器人现场演绎人机互动。勇艺达服务机器人表现令人惊艳，赢得现场阵阵掌声。

华为全球企业业务市场副总裁李俊朋以及华为云服务专家李卓先后就

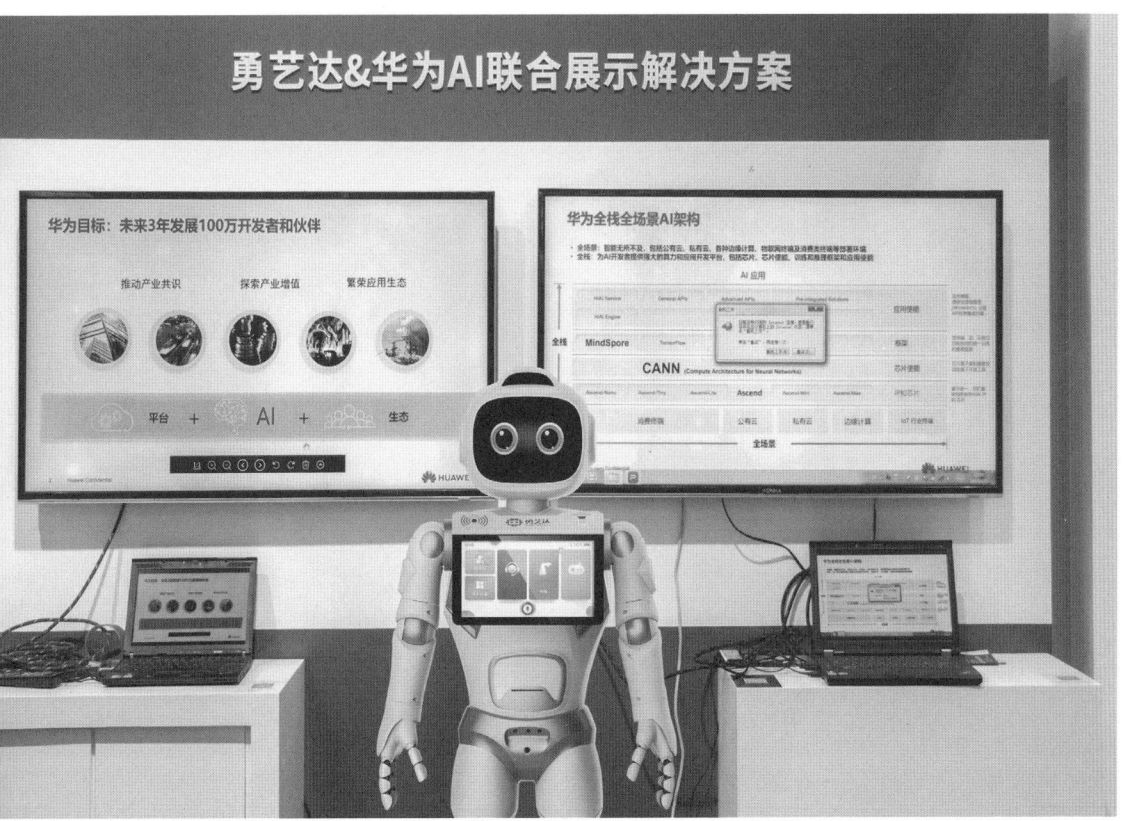

图 5.10　2019 年 4 月 12 日，在第七届电子展上，勇艺达与华为 AI 联合展示解决方案

"平台+AI+生态"的战略模式,以及华为云人工智能平台进行了详细讲解,华为云将采取可视化全流程管理,使用华为云 ModelArts(面对 AI 开发者的一站式开发平台)进行模型训练和部署,实现人工智能时代的科技创新型进步。勇艺达机器人副总裁贾湛就华为云助力勇艺达服务机器人的应用进行讲解,他表示,作为一家从事安全教育和安全服务的智能机器人公司,在行业深耕 6 年,其企业实力可见一斑,希望此次联合展示有更美好的未来。服务深圳机场的"小勇 T1"机器人与华为云的结合,让 AI 后台开发效率加速 4 ~ 10 倍,优化端侧模型,秒级响应减少百倍上云流量,同时保护用户安全,正是完美体现华为云 ModelArts 让 AI 研发加速奔跑的效果。

此次勇艺达牵手华为 AI 的联合展示,只是一个挖掘 5G 商机的开端,也是勇艺达机器人迈向智能服务机器人时代的梦想体现。华为云目前正在承担智慧机场的开发,利用 5G 技术进行数据搜集、智能规划等,而勇艺达机器人已成为华为云在智慧机场项目中服务机器人领域的战略合作伙伴。

2019 年 4 月下旬,由深圳前海蛇口自贸片区管委会主办、中国联通深圳市分公司(以下简称"深圳联通")承办的前海蛇口自贸片区全国首个自贸片区 5G 网络全区域覆盖开通仪式在前海企业公馆举行,正式宣告前海成为全国首个实现 5G 网络全覆盖的自贸片区。

作为一家智能机器人公司,深圳勇艺达机器人有限公司也在这里与深圳联通签订 5G 战略合作伙伴协议,成为国内首家应用 5G 技术的服务机器人企业,赋能行业发展,实现万物互联。

与此同时,"前海蛇口自贸片区 5G 行业应用展"也同步举办,成为前

图 5.11　2019 年 4 月 12 日，在第七届电子展上，勇艺达机器人副总裁贾湛与华为 AI 联合展示演讲

海展示 5G 前沿科技和未来趋势的重要窗口。在该展会上，许多不同领域的前沿应用逐一亮相，其中勇艺达机器人公司带来了与深圳联通共同打造的多款"小勇"机器人，为人工智能与教育学习提供了一个有效结合。勇艺达机器人公司的多款"小勇"机器人，向人们展示教育陪伴、安全教育、智能编程、商业商务等多重功能亮点，让人惊喜不已，一阵"石头、剪刀、

图5.12　2019年4月26日，勇艺达机器人与深圳联通5G行业应用合作伙伴签约仪式现场

布"的人机互动更是将现场趣味氛围推向高潮，让人们充分与5G前沿科技实现"零距离接触"。

5G网络是5G应用和产业发展的基础。在深圳联通的助力下，勇艺达机器人与深圳联通的合作，有望引领行业的重大技术变革，推动5G技术与应用的创新融合，助力勇艺达机器人创新发展。

根据软银董事长孙正义的观点，相比人类平均IQ（智商）水平在100分左右，"AI计算机的最终IQ得分将达到1万分左右。这种超级智力未来将成为现实，并且会进入所有物联网设备、机器人、汽车、云计算等领域"。[1]吴勇谋表示，未来机器人行业和5G通信行业的融合发展将有无限可能，作为一家从事安全教育和安全服务的智能机器人公司，勇艺达机器人非常注重场景创

图 5.13　勇艺达机器人与深圳联通 5G 行业应用展现场产品展示

1　《孙正义：三十年内机器人数量和智力将超越人类》，腾讯新闻，2017 年 2 月 28 日，链接地址：http://tech.qq.com/a/20170228/030321.htm

新，如今正在与华为云、中国联通、中国移动等通信巨头紧密合作，挖掘
5G 时代的商机，未来一定会带给用户更高品质的人工智能服务，而且通
过大家的共同努力，相信距离服务机器人走进千家万户的那一天越来越近
了。

06 锐曼智能：
商用人形机器人的领导者

粤港澳大湾区
战略性新兴
产业研究

锐曼智能

深圳市锐曼智能装备有限公司（下文简称"锐曼智能"）是一家高科技有限公司，成立于2014年，公司位于深圳市宝安区中粮机器人产业园，拥有2000平方米研发办公区域，专注于研发及生产家庭服务机器人与商业服务机器人。连续两年获深圳市机器人行业"技术创新奖"。

锐曼智能走在国内尖端科技行业的前端，拥有一支技术精湛的机器人研发团队，研发顶尖的室内导航定位、运动控制、声源定位系统、运动系统、娱乐内容、远程视频交流与控制系统等。锐曼智能现在已经拥有定位、唤醒识别、视频通话等50项机器人专利。

锐曼智能定位研制机器人本体，为行业的发展贡献自己的一份力量，主营产品涉及商用人形机器人、店面销售机器人、配送机器人等，可以为各行业提供功能强大的机器人平台。产品目前已经应用于银行、酒店、法务、税务、电力、公安、气象等多个服务领域，为各行业提供最优解决方案，降低人工成本。

【创业历程】

高子庆：连续创业的勇士

2019 年 4 月，瘦高个子的高子庆出现在第五届深圳国际机器人与智能系统博览会的专题论坛上，他坚定地说："服务机器人要比工业机器人爆发得更快、普及得更快，未来 3 年将是服务机器人的大爆发期。"他的发言很快引起媒体的关注，有新闻报道直接以"移动机器人或成下一个风口，中国机器人企业打响千亿级版图战"为标题。

高子庆的内心并不像他外表那么瘦弱，反而因为创业多年而锻炼得无比强大。他一手创办了深圳市锐曼智能装备有限公司，拥有 2000 平方米的研发办公区域，专注于研发及生产家庭服务机器人与商业服务机器人，连续两年获得深圳市机器人行业"技术创新奖"。鲜为人知的是，这已经是他第二次创业，毫不夸张地说他是连续创业的勇士。

首次创业从做方案设计起步

喜欢折腾的男人都有一个创业的梦想。很多创业者会说要讲究一个创

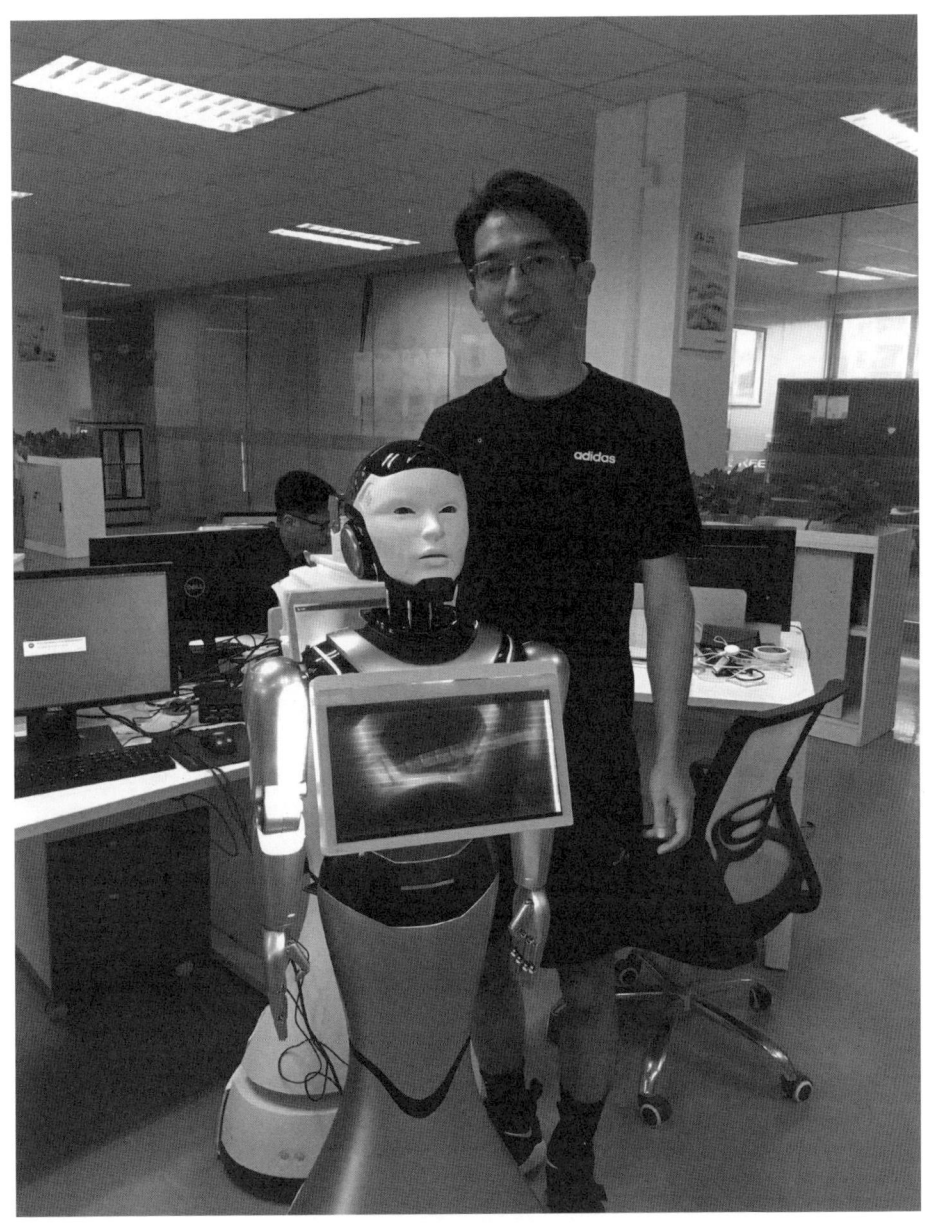

图 6.1　高子庆和锐曼机器人合影

业的最佳时间，那么什么时候才是最佳的创业时机呢？

追溯一下"BAT"（百度、阿里巴巴、腾讯三家公司的简称）创始人的创业经历，马云第一次创业是 28 岁，创办海博翻译社；马化腾 27 岁创办腾讯；李彦宏 32 岁创办百度。他们都是从 30 岁左右开始创业的。

2010 年，刚进入而立之年的高子庆决定开始创业，这时他从厦门大学毕业已经 5 年了，拥有在一家上市公司从事软件编程的工作经验。他与志同道合的朋友在深圳市南山区创办了一家芯片应用设计公司，主要业务是从事车载电脑、平板电脑的方案设计。

创业初期，高子庆也充满了创业的激情，经常加班加点地写代码，与客户洽谈技术方案，与研发成员讨论技术路线。研发团队从几个人很快扩展到了 50 多人，业务最好的时候可以月入百万元。

可是好景不长，由于产业发展快，同行竞争日趋白热化，不到两年时间，这家设计公司就变成了"搬运工"，利润迅速萎缩，人员也相应裁减了。最初创业的红火场面不复存在，可高子庆仍然希望能找到一条可以持久发展的创业道路。

"第一次创业对我来说，就像是上了一堂创业辅导课，让我了解到创业中所涉及的研发管理、市场销售、团队管理、人才招聘、财务与税务方方面面的事情，更大的收获是我对企业由盛而衰过程的反思。我清醒地认识到，如果只是做方案公司，不是做原创技术的研发，那么必然会受制于原厂提供的基本条件，容易陷入低价竞争，只有做高技术门槛的事情，才能在创业大道上持久走下去。"高子庆开始默默地思考应该选择什么新的业务方向，而这项新的事业必须是做原创技术的研发，必须有较高的技术门槛。2014 年，服务机器人产业进入了他的视野。

初尝服务机器人产业化甜头

2014 年，高子庆在深圳市南山区创办深圳市锐曼智能装备有限公司，专注于研发和生产服务机器人。"我们的定位是机器人硬件本体的研发制造，除了工业设计外，我们还有专门做算法的团队，主要做室内导航定位、运动控制、声源定位系统、运动系统、远程视频交流与控制系统等。"

进入服务机器人领域后，因为产业太新，与国际几乎同步发展，所以没有可以学习借鉴的对象，也没有经验丰富的研发人员，需要自己去摸索，人才需要自己培养。企业成立最初的两年，锐曼智能都是在烧钱做研发，高子庆也一直坚持写软件代码。对人才的培养就采取"师徒制"，让有经验的老员工带新毕业的大学生，这样逐渐培养起一支富有战斗力的研发团队。

2016 年初，因为人员队伍的扩大，加上人形机器人需要做室内移动测试的场所，所以场地需要 2000 平方米，高子庆把锐曼智能从南山区搬迁到深圳市宝安区中粮机器人产业园。从这里起步，锐曼智能几乎每年以业务量翻番的速度发展。

2016 年春季，锐曼智能获得了第一个客户，这个客户是百度。高子庆回忆道："我们最初是采用百度的语音识别系统作为人机交互工具，百度把锐曼智能当作典型的案例来做宣传，就买了几台锐曼智能研发的人形机器人，这是锐曼智能的第一个大订单。"

"小曼"机器人一下声名鹊起，一些行业合作伙伴把锐曼智能机器人用来做银行服务员、医院前台导医、法院咨询员等。锐曼智能研制的"小曼"机器人是目前出货量最大的商用机器人平台，2019 年量产的"追风"

机器人是视觉智能与运动智能紧密结合的机器人平台，深受汽车制造商的青睐，有望用来服务知名品牌汽车企业的 4S 店。

"我们在全国有 300 多家经销商，连日本和加拿大的客户都找上门来，要求成为锐曼智能机器人海外代理商，这说明我们的服务机器人在市场上站住了脚，有了一席之地。"高子庆微笑着说，他已经品尝到服务机器人产业化的甜头。

用算法构筑企业核心竞争力

随着人工智能技术和以物联网、大数据、云计算为代表的新一代信息技术与机器人的深度融合，机器人产业正在进入技术爆发期。机器人未来将越来越智能化，应用范围也将拓展到工业之外的服务领域，将给机器人产业带来更大的想象空间。而那些拥有独特技术的公司，无疑也站在了浪尖。

锐曼智能最初的定位是打造服务机器人的硬件平台，就是要让机器人听得清、看得远、走得准。锐曼智能的研发布局主要围绕三个要点，包括阵列麦克风的远场拾音算法、多传感器的室内定位导航算法、物体识别算法和伺服控制算法等。

"这些是我们的核心技术，尤其是我们在室内导航核心算法技术可以说处于国际领先水平，"高子庆介绍，"如果做机器人本体公司全部采用别人的算法，那么成本就下不去，而且沟通成本会很高，根据客户需求定制研发生产就很难做到位。语音识别算法，科大讯飞和百度都做得很好，可以开放给我们使用，我们不需要自己再重新研发了，其他机器人本体的算

图 6.2　锐曼机器人参展第七届中国电子信息博览会

法都是需要我们自己研发的。"

服务机器人需要得到较为全面的周围环境信息以实现更高可靠性的导航，对于这样的需求，只采用一个传感器通常是无法满足的，可以利用多传感器融合技术将多个传感器得到的定位信息进行融合，从而产生更为精确的环境信息，进而提高导航可靠性。目前，多传感器信息融合的主要算法有：D-S 方法、Kalman（卡尔曼）滤波、Bayes（贝叶斯）推理、模糊推理方法等。目前应用较多的是用将非视觉传感器与视觉传感器信息相融合的多传感器融合方式进行导航。因此研究更高可靠性、更高水平的多传感器融合技术相关算法也是未来的研究趋势之一。目前应用于服务机器人的导航技术多种多样且各有优缺点，综合考虑适应性、价格、精度、实时性、智能性和可拓展性，视觉导航是服务机器人导航技术的一个重要研究方向，这也是锐曼智能团队投入大量的人力物力聚焦在这个方向进行自主研发的原因。

室内导航核心算法技术利用传感器感知场景深度信息，建立三维地图。目前测距手段大致分为两种：主动测距和被动测距。主动测距，如超声波测距、激光测距、雷达测距等，利用有源信号发射装置和相应的接收器建立对应关系，根据信号反馈进行计算测定距离。被动测距主要是指视觉测距，通过视觉信号的分析对比来测定距离，无需信号发射源。主动测距具有处理速度快等优势，但是其缺点也很明显，受各种环境影响较大，设备价格昂贵，设备安装要求高，易损坏，信号互相干涉导致同型号设备不能同时使用等。相对来说，双目视觉测距方案具有硬件成本低、安装简单、便于推广、视野宽、测距准确性高等优点。

高子庆介绍，锐曼机器人采用双目立体视觉是基于视差原理，由多幅图像获取物体三维几何信息。在机器视觉系统中，双目视觉一般由双摄像机从不同角度同时获取周围景物的两幅数字图像，并基于视差原理即可恢复出物体三维几何信息，重建周围景物的三维形状与位置。基于双目视觉测距建立环境信息的三维地图，在其中进行路径规划，实现机器人在室内环境的自动驾驶。室内环境复杂，既有静态物品障碍，又有动态的行人等障碍，因此在记录地图与导航时，既要解决规划最优路线的问题，又要解决对变化环境的适应及遇到人或障碍物时的避障问题。

在高子庆看来，机器人产业的技术点非常多，需要跨学科的知识很多，不是一两个人能够垄断技术研发的，因此在每个技术点上都要有能够独当一面的人才。"我们从最初的 4 个股东，现在发展到 13 个股东，不断地吸纳核心员工成为公司的股东，这个模式我们是向华为学习的，因为要让企业得到持续的成长，必须依靠核心团队员工长期奋斗，作为企业管理者就需要合理分配给他们价值回报，让他们不断地成长和沉淀。"

在高子庆的办公桌的醒目位置摆放着三本书——《以奋斗者为本》《以客户为中心》《下一个倒下的会不会是华为》，这是关于华为非常经典的三本书。任正非是高子庆十分崇拜的企业家，任正非强调坚持责任结果导向，导向为客户提供有效服务，导向客户满意，导向公司核心竞争力的提升，导向公司战略的落地，这些思想都深深启发着高子庆。不论是对人才的激励，还是研发的布局，高子庆从华为公司的发展历程中吸取了不少宝贵的养分。

在服务机器人领域创业快 5 年了，高子庆并没有感觉到有多么艰难和疲惫，相反整个人充满了干劲和希望。他说："这是一条很长的赛道，在这个行业里坚持得越久越觉得技术沉淀很重要。作为技术型创业者，我对技术敏感性比较强，善于创造价值，也善于寻找新的技术与服务机器人相结合。由于这个产业太新了，没有可以效仿的对象，我们需要自己去摸索，最难的事情就是各种度的掌控，什么时间做什么事情，对节奏的把握最难，投资过快，步伐过大，就可能当'先烈'；如果投资太慢，过于保守，就可能没有领先优势了。如果不久的将来有投资注入我们公司，如何坚持初心则十分重要，我不愿意被资本绑架而违背了创业的初心。对未来的不可知，有时会让我感到一丝惶恐，当然，更多的是面对挑战的兴奋和激情，我还是非常自豪选择进入了这样一个欣欣向荣的未来产业。"

高子庆坚信，中国有机会成为服务机器人的规则制定者和服务机器人制造强国，到那个时候，崇尚创新的锐曼智能也势必成为服务机器人产业浪潮中的一个超级玩家。

【专家眺望】
中国有望站上服务机器人产业的潮头

"服务机器人是第三次终端浪潮，而且是中国人最接近潮头的一次，"深圳市锐曼智能装备有限公司总经理高子庆乐观地说，"中国人有机会成为服务机器人的规则制定者，未来肯定是中国生产商向全球输出服务机器人的规则和产品。"

技术出身的高子庆，并不是一个盲目乐观主义者，他是经过多年的观察和实践，从国内外同行身上看见了服务机器人产业的希望所在：机器助

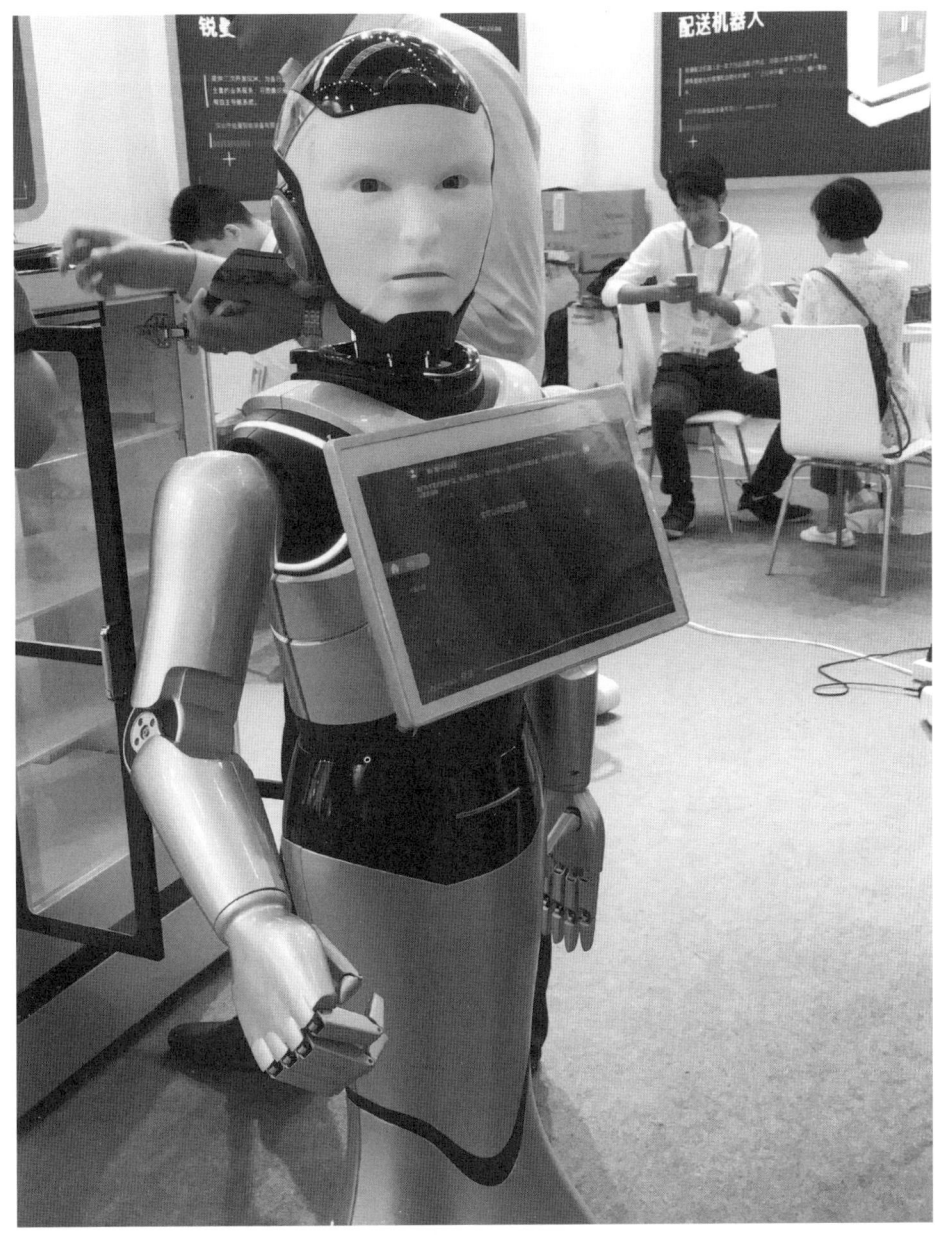

图 6.3　锐曼机器人外形很酷

人成为服务机器人的核心成长逻辑，服务机器人总有一天会走进千家万户。

服务机器人产业生态还待完善

高子庆认为，目前全球服务机器人产业还处于非常早期的阶段，各个企业间的分工不明确，产业生态有待进一步完善。"服务机器人产业链其实与电脑产业链有相似性，从产业链条上看，电脑产业的上游是芯片、内存、网卡周边设备，下游有整机厂家、系统集成商、ERP（企业资源计划）提供商、软件开发商等。而目前，服务机器人整机研发、核心部件、操作系统、行业应用软件，全链条都需要服务机器人公司来做，这显然不正常。实际上，由于服务机器人部件多、传感器复杂，它的上游厂家应该更多，比如会有激光厂家、视觉平台、机械手等专门厂家出现，为服务机器人的生产提供基础设施。现在国内有的公司把核心部件到整机从头到尾全部自己做了，我认为这根本是不现实的事情。未来一定是有很多专业的公司，而且是在细分领域里都会出现'巨无霸'企业，比如激光导航巨头、视觉应用提供商、机器人底盘大鳄等。"

他分享了一个深圳服务机器人企业成功转型的故事：2015 年，EAI 公司创始人龙飞和小伙伴们做了一款陪护家庭机器人，参加了当年的高交会，虽然参展的时候现场很热闹，但龙飞并没有拿到实实在在的订单。为了让企业活下去，龙飞带领团队开发出了"EAI 机器人智能移动系统"，也就是高性能、低成本的移动底盘，没想到这个移动底盘很受市场欢迎，从那以后，龙飞领导的 EAI 公司从研发机器人转到做机器人核心零部件，很快获得了投资商的注资，团队开始研发系列激光雷达产品，EAI 激光雷达已经受到行业用户的青睐。"我觉得 EAI 公司通过做机器人对传感器和导航模块有了深刻的理解，然后转型做核心零部件，他们真正找到了自己的定位，在机器人产业链条上有了明确定位之后就一门心思深入下去，坚持不断创新，一定可以收获巨大。"

图 6.4　深圳市锐曼智能装备有限公司研发现场

　　尽管服务机器人还处于探索阶段，但已经出现了市场开始启动的喜人苗头。高子庆说："服务机器人产业的发展路径应该与电脑产业很相似，电脑是从大型机到小型机，从军队和政府部门最先使用，再到商用端 ERP 等，最后个人 PC 进入家庭。那么，服务机器人产业也应该是政府和事业单位先用起来，再到企业购买，由于成本的急剧下降，到了几千元一台机器人，最后就能大量地进入家庭，服务普罗大众。2018 年上半年之前，大多是政府和事业单位购买服务机器人，比如法院、医院、银行等机构是主要客户。从 2018 年下半年开始，汽车制造商、餐饮服务商开始购买服务机器人，这正好反映了我国服务机器人产业市场开始启动了。"

　　现在，世界各国对服务机器人产业这一块的发展非常重视，40 多个国家都已经开始发展服务机器人产业。美国提出"机器人发展路线图"，日本提出"机器人革命战略"，涵盖特种机器人、服务机器人和新世纪工业机器人。欧盟启动全球最大的民用机器人研发项目，计划到 2020 年投入 28 亿欧元。现在国内外市场上有非常多服务机器人种类，包括清洁机器人、安防监护机器人、割草机器人、教育娱乐机器人、看护陪伴机器人等。也有众多知名服务机器人的品牌和产品，比如美国 Irobot，还有索尼的 AIBO 和软银的 Pepper（名字取自《钢铁侠》里的"小辣椒"）等。

　　"美国的产业化和公司运作方面最为成功，日本的研发实力最强，韩国次之，虽然中国起步稍晚，但是在服务机器人这一块我们与欧美发达国家的差距并不大。"高子庆细数国内市场上出现的五花八门的服务机器人，比如，银星的扫地机器人、腾讯的 QQ 机器人、优必选跳舞机器人和教育机器人、紫光优蓝的教育机器人，还有擦窗机器人、割草机器人、送餐机器人、导游机器人、泳池清洁机器人、抢险机器人、拖地机器人、安防机器人，这些在市场上都已经产业化了。

服务机器人回到原有的价值点

目前，唱歌、跳舞类的娱乐机器人已经不再吸引大众眼球了，其实这是一件好事。因为，服务机器人开始回归其原有的价值点，即代替人做重复劳动或者简单的事情。随着人工智能、互联网技术的发展，服务机器人的功能多样化、消费属性增强，"机器助人"成为服务机器人的核心成长

图 6.5　深圳市锐曼智能装备有限公司所在大楼的外景

逻辑。

在高子庆看来，机器人的价值就是要代替人类做重复的劳动，把人从重复劳动中解放出来，现在这个阶段，连提供具有情感属性的服务机器人都为时太早，因为现阶段就只需要功能性的服务机器人。2015年6月，日本软银集团和阿里巴巴集团、富士康科技集团共同宣布，阿里巴巴、富士康将分别向软银旗下的软件机器人控股公司SBRH注资145亿日元（约合1.18亿元人民币），注资后阿里巴巴、富士康将分别持有SBRH的20%股份，软银持股60%，SBRH主营为机器人业务，SBRH出售人形情感机器人Pepper。人形情感机器人Pepper也在当年高调进入了中国的市场，但到2019年再回头看，其实这款人形情感机器人卖得并不好，中国市场极度萎缩。

高子庆说："可能是Pepper市场路线走偏了，强调它的情感属性，Pepper面市之初，宣称它是第一个具有人类情感的机器人，我们看到Pepper拟人化特征很明显，动作很逼真，但锐曼智能研制的小曼机器人所具有的语音识别更准确、导航定位更强大、价格更便宜、更为实用等诸多优点，Pepper一条也不具备，跟它说什么，它也听不懂，而且不能移动，因此市场对小曼机器人需求更大，目前国内出货量小曼机器人比Pepper大得多。"

中国有机会成为服务机器人的规则制定者，那么作为服务机器人的领导品牌锐曼智能会有什么布局呢？高子庆透露说："2018年，锐曼智能成为百度的战略合作伙伴，百度目前正在研发针对服务机器人的统一的操作系统，国内服务机器人和人工智能企业的共同目标是统一服务机器人的软硬件接口标准定义，进一步强化规则制定的地位。当然，这都是需要巨大的研发投入，也需要很多企业共同参与推动才能实现的。"

服务机器人应用领域越来越广

"登录国税网站的初始密码是什么？"

"初始密码是 8 位数的国税编码哦。"

"怎么领取'发票领用簿'？"

"请您携带'税务登记证'副本或一照一码营业执照原件、复印件（盖公章），法定代表人身份证明原件、复印件（盖公章），购票员身份证明原件、复印件（盖公章）和发票章，《购票员授权委托证明书》、发票专用章印模至二楼票证中心 31、32 号窗口办理。"

这是国内首个智能导税机器人提供纳税服务的工作场景。

锐曼智能与非常专业的金税软件公司合作，开发出了全国首个智能导税机器人，如今在很多城市的税务局服务民众，取得很好的效果。

2018 年，深圳市前海法院开始有公共法律服务机器人在服务大厅服务。公共法律服务机器人是以法律机器人作为智能服务载体，推动智慧普法与智慧政务。还有，通过法律 AI 咨询系统，提供实时在线的政务服务，让重复性高、费神费力的工作由人工智能系统去承担与解决，同时弥补了过去人力机制所欠缺的部分，让政务服务 24 小时在线，让高效智能的政务服务触手可及。

高子庆介绍："这类法律服务机器人是与法狗狗、擎盾公司合作的，它们拥有丰富的法律知识库，如果与机器人平台结合，就可以提供优质的智慧普法服务。"锐曼智能参与北京、上海、广东、湖南、福建、湖北、青海、河北、四川司法厅法网智能化建设，把法律人工智能咨询与 12348 热线咨询平台结合，让法律人工智能的技术与应用成为改善民生、普法便民的新途径，进一步推进普法咨询工作，让法律 AI 更好地走进千家万户。与此同时，锐曼智能参与了北京市丰台区、成都市司法局、柳州市司法局、成都市温江区、深圳市南山区、厦门市海沧区等各地司法单位法律机器人项目，结合"智慧司法"人工智能系统，推进智能化建设。

除了在智慧司法方面服务机器人有用武之地之外，其实医院、银行、电力、餐饮企业等机构也开始大量采购服务机器人代替人做一些重复性工作。比如，深圳市宝安中医院门诊部、杭州银行深圳科技支行等机构已经用上了锐曼智能研制的服务机器人。2019 年春天，应用于图书馆的小图机器人已和图书馆后台数据完美对接，完成个性推荐书目列表、会员人脸库管理、藏书查询、数据库简介、使用流程介绍等功能，使图书馆更智能。

2019 年 4 月，新加坡国际企业发展局华南区中国司主任汤皓云兴致勃勃地来到深圳市锐曼智能装备有限公司考察，他对高子庆表示，希望锐曼智能可以提供核心零部件和核心算法给新加坡的企业。

高子庆说当时一种自豪感油然而生。作为典型的"理工男"，他耿直地对客人说："新加坡过去是作为西方技术向中国输出的窗口，现在新加坡慢慢会转变成为中国技术向西方输出的桥梁。从华为的 5G 通信技术到大疆无人机，再到服务机器人，这是中国开始向全球输出新技术的证明。"

未来 3 年是服务机器人大爆发期

谈及未来发展，高子庆表示："现在移动应用非常广泛的服务机器人很有机会做到半年时间就能把成本收回来，在欧美国家，两个月的人工费就可以覆盖一台终生服务的机器人成本。随着服务机器人成本的降低，服务机器人产业有望比工业机器人爆发得更快。我个人认为，时间点从现在开始到未来 3 年，会是这一类服务机器人的大爆发期。"

他认为，如果服务机器人能替商家省钱、赚钱，那么商家没有理由不需要能够提供终生服务的机器人。中国发展服务机器人有几大优势：一是中国有最大的统一市场；二是中国有完整的服务机器人产业链，研制各类传感器的创新型企业非常多；三是中国拥有全球成本最低、最领先的人工智能技术；四是中国政府非常重视机器人产业的发展，政府推动作用很大。我国在多个发展规划中设置了机器人相关发展规划，鼓励机器人行业发展。《中华人民共和国国民经济和社会发展第十三个五年规划纲要》、"中国制造 2025"、《机器人产业发展规划（2016—2020 年）》等重要国家规划均鼓励大力发展机器人行业。

中国电子学会发布的《中国机器人产业发展报告（2018）》显示，2018 年全球机器人市场规模预计达到 298.2 亿美元，我国机器人市场规模达到 87.4 亿美元。我国服务机器人的市场规模快速扩大，成为颇具亮点的领域，我国服务机器人市场规模有望达到 18.4 亿美元，同比增长约43.9%，高于全球服务机器人市场年均增速。我国家用服务机器人、医疗服务机器人和公共服务机器人市场规模分别为 8.9 亿美元、5.1 亿美元和 4.4 亿美元，家用服务机器人市场增速相对领先。到 2020 年，随着停车机器人、超市机器人等新兴应用场景机器人的快速发展，我国服务机器人市场规模有望突破 40 亿美元。

高子庆最看好粤港澳大湾区在服务机器人产业的发展机会，这里聚集着一大批优质的服务机器人企业，它们对人工智能和机器人结合的能力很强，寻找落地场景的能力也很强，而且人工成本增长的压力，使得大湾区企事业单位对服务机器人的需求更大，服务机器人产业在市场需求推动下一定会迅速繁荣。

《深圳机器人产业发展白皮书（2017年）》也明确指出，深圳发展服务机器人的优势包括：一是低成本制造，成熟和完整的电子产业链使得国内服务机器人产品较海外产品具有明显成本优势；二是人才储备丰富，对高层次人才的引进，助推服务机器人相关领域的研究已走在世界前列；三是市场潜力大，受益于消费升级和劳动力短缺，深圳市场对服务机器人的需求将持续高景气。

这份白皮书提到，深圳也存在电机驱动和生物本能（能量损耗、灵活性、稳定性）等技术的落后；语音抗噪能力和视觉识别能力，离无障碍交流还有较大距离；定位导航离实用性还有距离；弱人工智能技术的各场景化亟须突破；缺乏互联互通性，如机器互联、人机互联、知识互联、服务互联等；须挖掘更多刚需市场等问题与不足。

高子庆并不认为上述问题不可逾越，他表示，随着技术日新月异地发展和不断沉淀，深圳相关的企业肯定能在技术方面取得长足进步，而且这个进步是明显的，比如，锐曼智能研制生产的商用人形机器人，所有的核心配件都可以在粤港澳大湾区采购到，而在3年前还需要从日本和德国购买减速器、激光雷达等核心零部件，近年也有深圳厂家可以提供同类的优质核心零部件产品了，这就是一个非常好的趋势。锐曼智能由于与百度等巨头合作，在机器人听觉和语音交互系统方面目前是全球做得最好的机器人之一，再加入锐曼自主研发的运动系统、定位导航系统以及第三方的视觉系统，有了这些好的感知系统，加上针对垂直行业的应用场景、业务流程深入定制的认知系统，锐曼机器人是全球交互体验做得最好的服务机器人之一。

站在潮头看风光无限，服务机器人行业百舸争流。高子庆虽然面容清秀，举止斯文，话语里却底气十足，雄心万丈。闻者无不赞叹："数风流人物，还看今朝。"

粤港澳大湾区机器人产业将迎来黄金成长期

广东省是较早一批通过"机器换人"寻求制造业转型出路的省份之一。为了促进机器人产业的快速发展，深圳、广州、东莞、佛山等地相继出台了多项相关鼓励政策，广东逐渐成为国内机器人产业发展的重要高地；而且《粤港澳大湾区发展规划纲要》对粤港澳大湾区的战略定位、发展目标、空间布局等方面作了全面规划，把省内不少城市放到了产业发展的重要位置，推动了全省机器人产业的快速发展。

业界专家指出，机器人产业将借助粤港澳大湾区的东风，迎来黄金成长期，不仅仅是工业机器人会延续之前的发展优势，而且人工智能技术将带动服务机器人步入快速发展阶段。

广东省成全国机器人产业发展重镇

据广东省工信厅的数据显示，广东 2018 年上半年工业机器人产量达 13621 台，同比增长 54.9%，占全国产量 22.67%；从企业数量上来看，2018 年广东机器人企业总数为 1381 家，占全国的 20.47%，2017 年和 2018 年企业数量均为各省之首；此外，从产业链成熟度上来看，从双臂协作、人机协作、消防救援、手术、公共服务、护理等服务机器人，到减速器、高性能伺服电机、驱动器、控制器等机器人关键零部件，广东也已经形成了一个闭合的生态圈。

广东之所以能够取得如此出色的成果，与各地政府出台有效的扶持政策分不开。从 2014 年开始，深圳、广州、东莞、佛山等地就相继出台了多项相关鼓励政策。其中，深圳市财政局每年安排了 5 亿元人民币，设立市机器人、可穿戴设备和智能装备产业发展专项资金；佛山对认定为国内、省内首台（套）装备产品的生产企业，分别一次性给予 100 万元人民币和 50 万元人民币奖励，并设立方便企业采购机器人的"机器人超市"；东莞则提出设立专项资金，对销售本土机械产品的贸易公司奖励高达 60 万元人民币……这些政策措施的实施，让广东机器人产业迎来"井喷"之势，短短 4 年时间，省内机器人企业数量从不到 400 家突破至 1300 多家。[1]

除了地方性政策之外，从国家和整个省份的层面来看，中央、省各级政府对机器人产业持续的政策助推作用也十分明显。2019 年初，广东省发展改革委发布的《关于进一步明确我省优先发展产业的通知》，就明确了省内机器人本体、系统和关键零部件发展的优先产业，对行业发展和规范做出了进一步引导。2019 年 2 月，中共中央、国务院印发了《粤港澳大湾区发展规划纲要》，这份纲领性文件将珠海、佛山、惠州、东莞、中山、江门、肇庆等纷纷设为节点城市，建立"广州—深圳—香港—澳门"

1　《坚持四大发展对策，广东成国内机器人产业高地》，2019 年 2 月 25 日，文章链接：智能制造网 https://www.gkzhan.com/news/detail/114847.html

科技创新走廊，把省内不少城市放到了产业发展的重要位置，推动了全省机器人产业的快速发展。

总的来说，广东曾给自己的机器人产业发展之路总结出四条对策，分别是结合智能制造发展规划，深入落实智能机器人发展政策；加快建设技术创新公共服务平台，构建以企业为主体的创新体系；培育研发制造骨干企业，加快企业引进来和走出去；实施智能机器人推广应用计划，建设重点行业机器人应用示范项目。

工业机器人在细分领域各有所长

广东省不仅是工业机器人应用大省，而且是工业机器人制造大省。2017年，广东省工业机器人产量20662台，同比增长50.2%，占全国产量的16%，民用无人机产量283.12万架，同比增长69%，产值约占全国超七成的市场份额。

广东省拥有深厚的制造业基础，因此较早地走上"机器换人"的技改之路，由此推动了工业机器人产业的快速发展。以佛山为例，机器人产业应用最大的领域是汽车产业，其次是重型机械、轻工类（五金、家具、家电、照明和陶瓷等），而这些都是佛山重点发展产业，由于当地制造业发达，国际机器人"四大家族"先后进入佛山，促进当地机器人产业萌芽。佛山市经信局的数据显示，佛山机器人研发生产企业约100家，工业总产值超过700亿元人民币。2017年，美的完成对"四大家族"之一库卡机器人的收购，2018年3月，美的库卡智能制造产业基地在顺德正式动工，预计到2024年，基地机器人产能将达到7.5万台。美的库卡智能制造产业基地的进驻将弥补佛山本体制造不足，继续强化广东省机器人产业优势。

广东省的另一个工业机器人高地是深圳，受到宏观经济的整体影响，相比之前几年，深圳的工业机器人产值增速有所放缓，2018年深圳工业机器人产值约为803亿元人民币，增长率为6.25%。然而，工业机器人产品结构面向应用进一步优化，而且有很多的关键部件更新换代，同时移动机器人异军突起，应用场景迅速增加。在系统集成的细分领域，包括点胶、打磨、喷涂等行业里逐渐形成了自主品牌。

深圳市机器人协会秘书长毕亚雷介绍道，深圳各具特色的机器人企业蓬勃发展，在工业机器人领域规模化优势明显，应用领域工艺要求更高，代表企业有泰达机器人、大族机器人、世椿智能、众为兴等；细分领域，"核心零部件＋系统集成"的模式非常普遍，代表企业包括汇川技术、大族激光、固高科技等。

人工智能带动服务机器人快速发展

服务机器人的应用和规模同步迅速增长。服务机器人虽尚未成为日常生活的必需品，但随着人工智能技术的突破和发展，服务机器人越来越多地走进千家万户，市场规模持续增长。2018年，深圳服务机器人产业产值为340亿元人民币，相较于2017年增长21.79%。受益于人工智能技术的发展，智能化程度得到大幅度的提高，服务机器人行业已经迎来了快速发展期。

2019第五届深圳国际机器人与智能系统博览会上，展馆内举办了"千鹰展翼杯"智能移动机器人表演赛，近20家移动机器人企业参与"优胜奖"的角逐；华为现场解读"平台＋AI＋生态"战略，向机器人产业实施AI普惠政策，联合应用企业勇艺达机器人共同打造"＋智能"解决方案，助力机器人产业升级。

　　深圳市机器人协会秘书长毕亚雷指出："因为人工智能本身是服务机器人的灵魂，包括华为云等核心的基础建设的企业一起来参与，从这个角度就看得出来，我们的通信基础设施、人工智能和机器人结合得越来越紧密。由于它有巨大的场景，服务机器人有望呈现出跳跃型的发展态势。"

　　不过，粤港澳大湾区机器人产业的短板也同样明显，不仅需要面对国外对核心技术、关键零部件的封锁，还要寻求高端人才、产业链、上下游配合等方面的解决办法。未来，继续加强政产学研的深入交流与合作，或许是推动产业做大做强的有效途径。